A FIELD GUIDE TO FOOD PLANTS FOR BUTTERFLIES IN TAIWAN (Vol.2)

大樹經典
自然圖鑑系列
20

台灣蝴蝶

A FIELD GUIDE TO FOOD PLANTS FOR BUTTERFLIES IN TAIWAN (VOL.2)

食草與蜜源植物

大圖鑑（下）

林春吉◎著

台灣蝴蝶食草與蜜源植物大圖鑑（下

A FIELD GUIDE TO FOOD PLANTS FOR BUTTERFLIES IN TAIWAN (Vol.2

營造蝴蝶花園的第一步

蝴蝶在花叢間飛舞的景象，大概很少人不愛，特別是蝴蝶多采多姿的色彩以及優雅曼妙的舞姿，每每吸引人們的目光。對於生活在台灣的人而言，蝴蝶就像是每個人熟悉的老朋友，甚至在台灣經濟起飛的時代，蝴蝶也曾貢獻一己之力，為台灣賺取了許多外匯，也讓台灣贏得「蝴蝶王國」的美譽。

但曾幾何時，生態環境的劇變讓許多蝴蝶悄悄失去了蹤影，以往春夏間滿天飛舞的畫面成了許多人腦海中的回憶，只有在人跡罕至的山林間或國家公園裡還看得到一些過去台灣蝴蝶的盛況。

蝴蝶的數量向來是數以百萬計，怎麼可能會消失？長久以來台灣空有「蝴蝶王國」的美譽，卻對珍貴自然資源的調查十分有限，許多蝴蝶的生活史付之闕如，又如何有效保護牠們呢？

如果沒有可供蝴蝶產卵的植物，沒有毛毛蟲需要的食物，沒有蝴蝶需要的蜜源植物，就不可能看得到美麗的蝴蝶。植物與蝴蝶兩者環環相扣的親密關係一直是備受忽視的部份，如果想要保護蝴蝶，第一步一定要先保護蝴蝶的食草與蜜源植物。但這一部份的資料卻是少得可憐。

作者林春吉先生從小就是個狂熱的愛蝶人，他的蛻變歷程也有幾分類似他所熱愛的蝴蝶。從熱衷蒐羅珍奇蝴蝶標本的少年，到以生態攝影留下蝴蝶倩影的青年時期，乃至現階段的再造蝴蝶花園，一切都是知識的累積與持續不斷的熱情，讓他走出不同於學者的路。

但這些點點滴滴的資料無疑是台灣圖鑑的嶄新呈現，以往蝴蝶圖鑑的功能僅止於種類的鑑別，但無法提供任何蝴蝶生活史的資料。如今『台灣蝴蝶食草與蜜源植物大圖鑑』的問世，將提供更為全面性的觀點，也是台灣首見的跨物種圖鑑。

從蝴蝶的食草與蜜源植物的種類不難看出，原生地的植物生態是否保護良好，對蝴蝶的生存實在攸關重大，許多其貌不揚的野草、野花，提供了美麗蝴蝶的生活所需。其實還有許多蝴蝶的生活史尚待揭露，特別是許多森林裡的種類，但台灣生態環境所面臨的劇變，讓許多自然研究像是與時間賽跑，但願這兩本圖鑑的出版是拋磚引玉，讓更多愛蝶人投入此領域，以期使台灣蝴蝶的秘密生活不再是秘密。

一本讓人深深期待的書籍

　　我有一群可愛的朋友，他們對人誠懇，心地善良，不媚俗，不做作；他們真心熱愛自然，不為掌聲，不為利益，只是為了追求山野中的那份喜悅。我喜愛這群朋友，而這其中的一個人就是林春吉。

　　有幾次跟著這群朋友到野外拍照，林春吉常是我們最佳的解說員。他總是以充滿熱情與興奮的心情，驚呼著大樹高處的珍奇蘭花，細數著湖泊、沼澤裡不起眼的水草，對於步道上飛過的蝴蝶能夠如數家珍，在水裡悠游的魚類也可以一一叫出名字。他總是努力不懈，精力過人，充滿熱情而沉浸在田野的喜悅中，使他孕育出深厚的自然學養。

　　林春吉不僅對於自然生態十分博學，同時也拍攝了不少作品，從昆蟲、蝴蝶、魚類到水草、野花等，他以相機記錄了台灣的生態環境，並樂意與人分享他的觀察心得。

　　自然攝影工作，除了必備的好器材以外，還要有純熟的攝影技術、對自然知識的了解、對影像美學的內涵，而更重要的是，要有一顆容易被感動的心。林春吉秉持這些優點，努力學習，進而拍出一張張動人、樸實的攝影作品，一如他憨厚的人格特質。

　　在2007年出版的台灣淡水魚蝦大圖鑑之後，林春吉有關於蝴蝶、食草與蜜源植物的新作，終於也要問世了。書中延續著以往圖文並茂的解說，來描繪出蝴蝶與植物之間親密的關係。相信這場奇特的蝴蝶與植物的生態之旅，在林春吉的精采解說下，將帶領大家進入一個嶄新奇異的自然世界。

　　這是一本讓人深深期待的書籍。

台灣自然生態攝影名家／潘建宏

台灣蝴蝶食草

Part.6

藤蔓、爬藤與攀緣植物

FOOD PLANTS
FOR BUTTERFLIES

葎 草
Humulus scandens

夏型個體的黃蛺蝶較為大型，色彩的呈現也比較淡（雌蝶）。

◆ 大麻科 Cannabaceae ◆

　　葎草是一種蔓藤類植物，葉片粗糙，長相平凡而且容易傷人皮膚，普遍分佈於全台灣的河堤或荒草地，一般人對它的評價，總是厭惡多於喜歡。但是在自然界中卻有一種蝶類，視它為生命之源，兩者的生態連結緊緊相扣一起，牠就是蛺蝶科中的成員「黃蛺蝶」。

　　這種蝶類的長相也很普通，不過當蝶隻身影蒞臨野花叢，便成為一幅幅經典的畫面，尤其與鬼針草、馬纓丹或馬利筋的搭配，更顯嬌柔。黃蛺蝶一年至少可以繁殖三代以上，冬天也經常羽化，幼蟲會築巢躲藏，所以只要見到葎草的葉片上有圓球狀的蟲包，那多半是黃蛺蝶幼蟲的傑作。

　　在蘭嶼地區也有黃蛺蝶的蹤影，但就是找不到葎草的蹤影，可見黃蛺蝶的產卵植物，應該還有其他的選擇才對。

【攝食蝶種】

黃蛺蝶 *Polygonia c-aureum lunulata*

吸食馬利筋花蜜的黃蛺蝶（雄蝶）。

葎草。

盤龍木
Trophis scandens

◆ 桑科 Moraceae ◆

在桑科植物中的藤類型種類還算不少，廣為人知的有愛玉子、薜荔及珍珠蓮等。但是這些植物應該都算是攀緣型的匍匐種類，真正具有纏繞的藤類型成員，就只有盤龍木一種。

這種藤類型的木本植物，主要見於南部的山林裡，尤其在恆春半島十分常見。因此與它搭配的小紫斑蝶，也就普遍見於南部地區，甚至於嚴冬季節亦有蝶蹤飛舞於花叢間，台灣恐怕就只有墾丁地區才有如此的景致可供欣賞。

一般來說，北部地區要見到小紫斑蝶的蹤影多半發生於六月過後，尤其是宜蘭地區。小紫斑蝶在紫斑蝶家族中，算是體翅最為小型的一種，蝶隻的性情溫和，喜愛遊訪於各種野花間，也經常蒞臨濕地上吸水，算是南部多產，北部地區較為少見的斑蝶科成員。

【攝食蝶種】

小紫斑蝶 *Euploea tulliolus kojinga*

正在吸食光葉水菊花蜜的小紫斑蝶（雄蝶）。

交尾中的小紫斑蝶。

斑蝶科的成員就是特別喜愛吸食白水木樹體上的汁液，小紫斑蝶亦不例外（雄蝶）。

盤龍木

異葉馬兜鈴
Aristolochia heterophylla

◆ 馬兜鈴科 Aristolochiaceae ◆

1994年出版的《台灣植物誌》中，記載有五種馬兜鈴屬植物，分別是大葉馬兜鈴、瓜葉馬兜鈴、異葉馬兜鈴、蜂窩馬兜鈴及港口馬兜鈴；不過在恆春半島地區分佈了一種葉形介於異葉馬兜鈴與瓜葉馬兜鈴之間的馬兜鈴屬植物，花部器官也明顯不同，應該是另一新種。

馬兜鈴屬成員均為攀緣性的藤蔓類植物，除了港口馬兜鈴屬於陽性物種外，其餘皆生活在林下的半日照環境裡。顧名思義，異葉馬兜鈴的葉形變化奇大，才得此名。它的分佈範圍是所有馬兜鈴屬植物中最寬廣的一種，族群涵蓋全台山區至平原地帶。由於其廣泛分佈，葉片自然可以提供所有的麝香鳳蝶及黃裳鳳蝶類食用。

這些以異葉馬兜鈴為食草的蝴蝶中，黃裳鳳蝶的分佈一直侷限在台灣南部地區。或許以往是如此，但現今則因族群北移的關係，已經全台可見，宜蘭大溪海岸林的族群繁衍，是已知台灣最北端的產地；另外綠島亦有穩定族群棲息。

麝香鳳蝶的分佈，算是這一類群中最狹隘的一種，族群很難適應東北部或台北地區冬季經常下雨的潮濕環境，所以分佈也就無法像紅紋鳳蝶、台灣麝香鳳蝶或大紅紋鳳蝶那麼地廣泛了。

台灣麝香鳳蝶及大紅紋鳳蝶是麝香鳳蝶類家族中分佈最廣的成員，由全台的平地至海拔三千公尺高地都有牠們的蹤影存在。至於紅紋鳳蝶的繁殖力雖然強大，但是對於寒冷氣候還是無法適應，所以族群主要見於海拔五百公尺以下的區域。雖然曙鳳蝶的主要食草為大葉馬兜鈴，但秋季偶爾降臨低海拔地區生活的雌蝶，也會選擇異葉馬兜鈴產卵，算是比較特殊的例子。

【攝食蝶種】

曙鳳蝶
Atrophaneura horishana

麝香鳳蝶
Byasa alcinous mansonensis

台灣麝香鳳蝶
Byasa impediens febanus

大紅紋鳳蝶
Byasa polyeuctes termessus

紅紋鳳蝶 *Pachliopta aristolochiae*

黃裳鳳蝶 *Troides aeacus formosanus*

瓜葉馬兜鈴。

這種馬兜鈴的形態介於瓜葉馬兜鈴與異葉馬兜鈴之間，特產於恆春半島。

翼葉馬兜鈴。

飛行中的紅紋鳳蝶（雌蝶）。

紅紋鳳蝶的終齡幼蟲。

紅紋鳳蝶喜愛白花咸豐草的蜜源（雄蝶）。

紅紋鳳蝶的蛹。

紅紋鳳蝶的卵。

交尾中的大紅紋鳳蝶。

休息中的台灣麝香鳳蝶（雄蝶）。

吸食繁星花的麝香鳳蝶（雄蝶）。

遊訪繁星花的黃裳鳳蝶（雌蝶）。

大葉馬兜鈴

Aristolochia kaempferi

◆ 馬兜鈴科 Aristolochiaceae ◆

　　大葉馬兜鈴的分佈海拔約在1000~2500公尺間，尤其在中部的梨山至大禹嶺一帶數量最多。其葉片可以提供給曙鳳蝶、大紅紋鳳蝶及台灣麝香鳳蝶等大型蝶類的幼蟲食用；不過後者在中海拔的羽化數量上，就不如低地來得普遍。

　　談到曙鳳蝶，讓人想起一段有趣的回憶。猶記得在二十幾年前的八月，我到台中勝光造訪親戚，甫下公車，曙鳳蝶迎面而來。在步行前往親戚家的同時，路旁的冇骨消花間，盡是各類高山彩蝶的蹤跡，讓我看得目不暇給。當我把行李放下後，隨即衝出屋外，直奔下車的方位尋覓蝶影。

　　當時對於蝶類的喜愛，純粹以採集製作標本為樂，曙鳳蝶是台灣知名的蝶類，早就想要擁有牠的標本，初次見面的心情也就格外振奮。當我走到花叢間時，目擊到的曙鳳蝶數量實在驚人，頓時也不知要如何採集，眼前那種眼花撩亂的繽紛色彩，讓人留下深刻的印象。

　　最後還是選擇一隻完整無缺的雌蝶先行下手，踏入草叢裡快速揮網，將蝶隻包在三角紙的同時，雙腳突然傳來陣陣刺痛，是遭到蛇吻嗎？原本快樂的心情也隨之蒙上陰影，趕緊跑回屋內求救。

　　經驗豐富的大嬸馬上知道怎麼回事，原來是咬人貓的傑作。咬人貓在中海拔地區四處分佈，一不小心碰觸，皮膚便疼痛難忍，所幸痛楚僅維持一小段時間便會自行消失，也因此深深烙印下與曙鳳蝶邂逅的初次體驗。

　　在中海拔地區，大紅紋鳳蝶的羽化蝶隻往往有驚人的數量發生，並多與曙鳳蝶混棲一起生活。牠在中海拔山區繁殖至少有三代以上，而曙鳳蝶只有年產一世代，並以幼蟲度冬。

【攝食蝶種】

曙鳳蝶
Atrophaneura horishana

台灣麝香鳳蝶
Byasa impediens febanus

大紅紋鳳蝶
Byasa polyeuctes termessus

曙鳳蝶偏愛賊仔樹的花蜜（雄蝶）。

大葉馬兜鈴

曙鳳蝶的終齡幼蟲。

台灣麝香鳳蝶的幼蟲。

休息中的台灣麝香鳳蝶（雌蝶）。

台灣麝香鳳蝶的蛹。

在中海拔山區經常可以欣賞到大紅紋鳳蝶遊訪冇骨消花間的曼妙鏡頭（雌蝶）。

台灣麝香鳳蝶的卵。

交尾中的曙鳳蝶。

遊訪於高山藤繡球花間的曙鳳蝶（雌蝶）。

港口馬兜鈴
Aristolochia zollingeriana

❖ 馬兜鈴科 **Aristolochiaceae** ❖

紅紋鳳蝶正享用大花咸豐草的蜜源美食（雌蝶）。

　　分佈於台灣的幾種馬兜鈴中，港口馬兜鈴的功能最大，它可以養活所有的麝香鳳蝶及金鳳蝶類。不過其分佈範圍卻是那麼狹窄，僅見於台灣南部及蘭嶼、綠島地區，同時港口馬兜鈴也是珠光鳳蝶唯一的野生食草。

　　珠光鳳蝶有許多的第一頭銜，如體翅最大、色彩最豔麗、分佈範圍最狹隘、族群數量最瀕危等，稀有、珍貴又美麗的身分，受到法律的關注保護，目前已禁止私人飼養與買賣。

　　一般來說，港口馬兜鈴屬於熱帶性植物，與中高海拔分佈的曙鳳蝶無法聯想在一起。然而人工培育時，港口馬兜鈴卻可以生活於海拔1000公尺的山區，在埔里一帶的蝴蝶園，有機會觀察到曙鳳蝶於秋季降臨低海拔地區，產卵於港口馬兜鈴的奇妙景致。港口馬兜鈴是一種成長快速的蔓藤類植物，一旦大量開花結果後，容易衰老死亡，但是如果有蝶類幼蟲共同生活來控制成熟果實及花朵授粉的數量，這種馬兜鈴屬植物便能長久生存。

【攝食蝶種】

麝香鳳蝶 *Byasa alcinous mansonensis*
台灣麝香鳳蝶 *Byasa impediens febanus*
大紅紋鳳蝶 *Byasa polyeuctes termessus*
紅紋鳳蝶 *Pachliopta aristolochiae*
黃裳鳳蝶 *Troides aeacus formosanus*
珠光鳳蝶 *Troides magellanus sonani*

遊訪於冇骨消花間的大紅紋鳳蝶（雄蝶）。

港口馬兜鈴

休息中的珠光鳳蝶（雄蝶）。

珠光鳳蝶的終齡幼蟲。

迷戀海檬果蜜源的珠光鳳蝶（雌蝶）。

正在交尾的麝香鳳蝶。

傍晚時分的台灣麝香鳳蝶（雌蝶）。

遊訪長穗木花間的珠光鳳蝶（雄蝶）。

休息狀態的黃裳鳳蝶（雄蝶）。

黃裳鳳蝶的終齡幼蟲。

遊訪繁星花叢間的黃裳鳳蝶（雄蝶）。

黃裳鳳蝶的蛹。

產卵後短暫休息的黃裳鳳蝶（雌蝶）。

黃裳鳳蝶的卵。

繁星花間訪蜜的黃裳鳳蝶（雌蝶）。

毛瓣蝴蝶木
Capparis sabiaefolia

❀ 山柑科 Capparaceae

　　只要能夠在野外見到雌白黃蝶、淡紫粉蝶或黑脈粉蝶的地方，那麼在附近必有山柑屬植物的分佈，昆蟲與植物之間密不可分的關係，再一次得到印證。

　　在這偌大的生態體系裡，生物依循自己的生活方式落腳各處，像毛瓣蝴蝶木的分佈就侷限於台灣中南部地區，但是相關的蝶類卻又因食性的差異，其族群的擴張也有所不同。

　　例如台灣粉蝶、端紅蝶或黑點粉蝶也會選擇魚木為寄主，所以牠們的分佈範圍涵蓋了台灣全島。而雌白黃蝶、淡紫粉蝶、斑粉蝶及黑脈粉蝶的食性獨鍾於山柑屬植物，所以北台灣便很難看到這些蝶類。

　　在自然環境中，毛瓣蝴蝶木並不是陽性植物，多生活於林緣邊或樹林下，一般來說屬於不常見的植物。人工養殖時，像蘭嶼山柑、山柑或小刺山柑等同屬植物的細嫩葉片，都是可以互通的蝴蝶食草。

【攝食蝶種】

台灣粉蝶 *Appias lyncida formosana*
黑脈粉蝶 *Cepora coronis cibyra*
淡紫粉蝶 *Cepora nadina eunama*
端紅蝶 *Hebomoia glucippe formosana*
雌白黃蝶 *Ixias pyrene insignis*
黑點粉蝶 *Leptosia nina niobe*
斑粉蝶 *Prioneris thestylis formosana*

遊訪大花咸豐草的黑脈粉蝶（雄蝶）。

毛瓣蝴蝶木。

正在吸食白花鬼針草花蜜的斑粉蝶（雄蝶）。

休息中的淡紫粉蝶（雌蝶）。

台灣最嬌柔的蝶類，非黑點粉蝶莫屬（雄蝶）。

鬼針草的蜜源頗受雌白黃蝶青睞（雄蝶）。

吸水中的台灣粉蝶。

休息時的紋白蝶姿態（雄蝶）。

非洲鳳仙花間的端紅蝶（雌蝶）。

正在吸食黃菀花蜜的台灣紋白蝶（雌蝶）。

蘭嶼山柑
Capparis lanceolaris

◆ 山柑科 Capparaceae ◆

在蘭嶼的朗島村旁有處公墓緊鄰海岸，這裡的海岸林中，生長許多蘭嶼山柑族群。蘭嶼山柑為台灣固有植物，特產於離島蘭嶼，習性與台灣本島所產的小刺山柑或毛瓣蝴蝶木近似，都喜愛生活在林下半日照的環境中。

在蘭嶼島上，有六種粉蝶選擇它的嫩葉產卵，分別是黑脈粉蝶、端紅蝶、黑點粉蝶、台灣紋白蝶、紋白蝶及黃裙粉蝶；後者是蘭嶼島上才能見到的粉蝶科成員，是典型的熱帶性蝶類。

原先以為黃裙粉蝶只是偶發性的迷蝶，直到日後有緣參與珠光鳳蝶的復育計畫，才在島上發現牠的生活史過程，自此也確定黃裙粉蝶定居台灣的事實。不過，想要欣賞蝶性活潑、色彩又鮮明的黃裙粉蝶，必須先找到蘭嶼山柑確切的分佈地點，而朗島村附近的海岸林便是絕佳的選擇。

正專注吸食長柄菊花蜜的黃裙粉蝶（雄蝶）。

【攝食蝶種】

端紅蝶
Hebomoia glucippe formosana
黃裙粉蝶 *Cepora aspasia olga*
黑脈粉蝶 *Cepora coronis cibyra*
黑點粉蝶 *Leptosia nina niobe*
台灣紋白蝶 *Pieris canidia*
紋白蝶 *Pieris rapae crucivora*

停於葉上休息的黃裙粉蝶（雌蝶）。

黃裙粉蝶的卵。

蘭嶼山柑。

黃裙粉蝶的終齡幼蟲。

黑點粉蝶與大花咸豐草的組合（雄蝶）。

黃裙粉蝶的蛹。

交尾中的端紅蝶。

遊訪長穗木花間的黑脈粉蝶（雄蝶）。

大花咸豐草是紋白蝶重要的冬季食物來源。

飛行中的黑脈粉蝶（雌蝶）。

訪花中的台灣紋白蝶（雌蝶）。

假皂莢
Prinsepia scandens

◆ 薔薇科 Rosaceae ◆

　薔薇科植物的花朵一向討人喜愛，它們的色彩多為秀麗的潔白花朵，假皂莢也不例外。這種攀緣性灌木屬於溫帶性植物，只生育在高山地帶，分佈海拔介於1500～3000公尺間，是阿里山琉璃小灰蝶目前僅知的唯一產卵植物。

　如果讀者們對阿里山琉璃小灰蝶的生活史感興趣的話，那麼中橫公路的合歡溪、大禹嶺到慈恩這一段路程，是選擇觀察的絕佳地點。這附近的山林裡到處都有假皂莢的蹤跡，理所當然，阿里山琉璃小灰蝶便成為當地最容易看到的蝶類了。

　由於阿里山琉璃小灰蝶普遍可見，在5～8月間的羽化高峰期間，經常發生為數可觀的數量，如果運氣好的話，便能看到數十上百的雄蝶，群聚在路旁濕地上一起吸水的壯麗畫面，雌蝶則多駐足於花間。

【攝食蝶種】

阿里山琉璃小灰蝶
Celastrina oreas arisana

停棲在水麻葉上休息的雄蝶。

休息中的雌蝶。

阿里山琉璃小灰蝶的終齡幼蟲。

阿里山琉璃小灰蝶的蛹。

專注吸食藤繡球花蜜的雄蝶。

遊訪黃菀花間的雌蝶。

假皂莢。

台灣懸鉤子
Rubus formosensis

❀ 薔薇科 Rosaceae ❀

吸食鬼針草花蜜的白挵蝶（雄蝶）。

　　在過往的蝶類觀察過程中，曾於台7甲線的松茂林道及北橫四陵，目擊嘉義小灰蝶及白挵蝶同時產卵的過程，雌蝶選擇的食草正是「台灣懸鉤子」。

　　嘉義小灰蝶會將卵產在食草的花苞或嫩芽上，而白挵蝶的產卵位置通常是選擇老化前的中生代葉片上，卵單一或兩粒一起，幼蟲有築蟲巢的習性。

白挵蝶的卵。

　　當然嘉義小灰蝶及白挵蝶也會選擇多種懸鉤子屬植物來綿延後代，不過兩者的海拔分佈有所差異；嘉義小灰蝶通常棲息在中海拔山區，雌蝶產卵的最低標高記錄於新竹尖石鄉約400公尺的位置，而白挵蝶卻可以生活於中海拔山區，下降至近於平原的廣大山地。

　　至於台灣懸鉤子的分佈，遍及台灣各處的山野裡，尤其以海拔400～2000公尺最為常見。

休息中的白挵蝶（雄蝶）。

【攝食蝶種】

嘉義小灰蝶
Sinthusa chandrana kuyaniana
白挵蝶
Abraximorpha davidii ermasis

產卵中的嘉義小灰蝶。

休息中的嘉義小灰蝶（雌蝶）。

嘉義小灰蝶的終齡幼蟲。

嘉義小灰蝶的卵。

行日光浴的嘉義小灰蝶（雌蝶）。

台灣懸鉤子

紅葉藤
Rourea minor

◆ 牛栓藤科 Connaraceae ◆

2005年秋季，友人來電告知，蘭嶼沿海通往天池的森林滿目瘡痍，砍伐不少樹木，目的只是為了建設一條木棧道，倒下的巨木上附生為數可觀的蘭科植物，如果不搶救下來，烈日的摧殘將使它們難逃枯萎的命運。

抵達現場後，確實有近十種蘭嶼特產的著生蘭花，隨著巨木的橫倒曝曬在陽光下。如果不是樹木遭到砍伐，要同時見到這些稀有蘭花，還真是不太可能的事。而且因為倒木的關係，引來天牛、吉丁蟲及象鼻蟲等各類特產當地的甲蟲前來產卵或活動，當天所攝得的種類及珍貴生態畫面，可能是這輩子難以完成的夢想，箇中心情真是五味雜陳。

在探詢的過程中也發現了紅葉藤與曲波小灰蝶的親密關係，紅葉藤就生長在倒木兩旁的森林邊緣，細嫩的藤芽間不時有曲波小灰蝶前來產卵，也找到數十隻幼蟲。

曲波小灰蝶為分佈在蘭嶼地區的蝶類，喜愛於森林邊緣活動，平常不容易看到。至於紅葉藤更是蘭嶼與綠島特有的木質狀藤本植物，於森林中相當常見。

【攝食蝶種】

曲波小灰蝶 *Catopyrops almora*

曲波小灰蝶的幼蟲。

休息中的曲波小灰蝶（雌蝶）。

曲波小灰蝶目前已定居蘭嶼（雌蝶）。

曲波小灰蝶雄蝶的體翅較為小型。

紅葉藤。

藤相思樹
Acacia merrillii

◆ 豆科 Leguminosae ◆

休息中的金三線蝶（雌蝶）。

印象中的豆科植物都是花朵美麗又討人喜愛的植物，然而這樣的通則就無法適用於藤相思樹身上，因為這種植物的蔓藤莖及葉柄上密佈倒鉤刺，如同刺蝟般令人生懼。

一般的植物文獻多將藤相思列為台灣南部地區的物種，其實它的蹤影全台皆有分佈，只是族群生長較為零星，通常生長在海拔一千公尺以下的陽性林緣邊，以中南部較為多產。

產卵於葉背的金三線蝶。

金三線蝶是藤相思樹的最佳夥伴，原先以為這種蝶類不曾分佈在台北地區，然而有一天拜訪新店友人牛伯伯家的蝴蝶園時，卻發現了金三線蝶的蹤影，而且主人也明確告知，金三線蝶一向產於新店一帶，只是族群數量不多，其他像宜蘭、南投及高雄縣的數處產地亦是類似的情形。

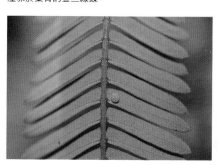
金三線蝶的卵。

金三線蝶是一種小型的蛺蝶，飛行緩慢、熱愛訪花，幼蟲的習性相當特別，會將葉序折半變成快要掉落般的枯葉，幼蟲便躲藏於枯萎的下半截葉序蟲巢裡，蛹亦化於蟲巢中。

【攝食蝶種】

金三線蝶

Pantoporia hordonia rihodona

幼蟲棲息的蟲巢。

金三線蝶的終齡幼蟲。

金三線蝶的蛹。

準備要在藤相思樹產卵的金三線蝶。

鴨腱藤
Entada rheedii

◈ 豆科 Leguminosae ◈

2007年春季期間，因為必須完成淡水魚蝦的書籍，所以經常前往恆春半島找尋熱帶性洄游性魚蝦資源，就在調查的過程中，於生長許多鴨腱藤族群的鹿寮溪畔，同時也觀察到台灣黃蝶及姬波紋小灰蝶與它的親密關係。

鴨腱藤是一種巨型的豆科攀緣植物，全台均有分佈，但以南部較為多見。它的細嫩頂芽及葉片，經常吸引台灣黃蝶前來產卵，聚生的卵一旦孵化後，幼蟲也同樣群聚一起生活，直到終齡幼蟲才各自離去，通常也喜愛化蛹在同一範圍內，這樣的幼生期習性，便與體翅斑紋近似的荷氏黃蝶、江崎黃蝶及淡色黃蝶有所差異。

姬波紋小灰蝶的產卵位置則是鴨腱藤尚未開放的花苞，羽化的數量亦相當可觀，並與台灣黃蝶一樣，同為台灣中低海拔最為常見的蝶類成員。

【攝食蝶種】

台灣黃蝶
Eurema blanda arsakia

姬波紋小灰蝶
Prosotas nora formosana

產卵中的台灣黃蝶。

飛行中的台灣黃蝶冬型個體。

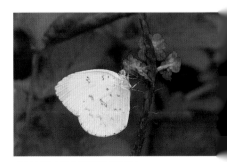

遊訪長穗木的台灣黃蝶（雄蝶）。

台灣黃蝶的群生卵。

台灣黃蝶的蛹。

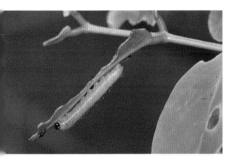

台灣黃蝶的終齡幼蟲。

休息中的姬波紋小灰蝶（雌蝶）。

鴨腱藤。

044

台灣魚藤
Millettia pachycarpa

◈ 豆科 Leguminosae ◈

　　幾次與朋友談論動物的自衛問題，其中有人提出體內具有毒素的蝴蝶，果真能保衛自己嗎？筆者告訴他們個人的觀察經驗。譬如一次的蘭嶼之行，在花叢間看見大白斑蝶遭受蟹蛛捕食的過程，也多次目睹飛行中的樺斑蝶，被大捲尾啄走的畫面，而這兩種蝶類體內皆有「蝶毒」。

　　我們再來看看台灣魚藤這種毒性很強的植物，其葉片經常受到鐵色絨毛挵蝶及台灣絨毛挵蝶幼蟲的危害，一物剋一物的生態平衡自然法則，是無庸置疑的。

　　台灣魚藤屬於山區的蔓藤性植物，中部以北地區十分普遍，而與它擁有親密關係的鐵色絨毛挵蝶及台灣絨毛挵蝶，也同樣是全台山區普遍可見的小型蝶類。

【攝食蝶種】

鐵色絨毛挵蝶 *Hasora badra*
台灣絨毛挵蝶
Hasora taminatus vairacana

鐵色絨毛挵蝶的蟲巢。

遊訪大花咸豐草的鐵色絨毛挵蝶（雄蝶）。

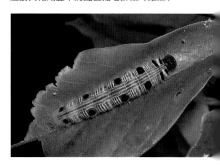

鐵色絨毛挵蝶的終齡幼蟲。

停於水泥護牆上吸水的台灣絨毛挵蝶（雄蝶）。

台灣魚藤。

老荊藤
Millettia reticulata

◆ 豆科 Leguminosae ◆

很久以前就聽說北濱公路的南雅村一帶，盛產輕海紋白蝶，這要追溯到二十年前的往事。

當時為了一探究竟，選擇八月初前往，不過不便的交通網路，必須轉換幾趟公車才能抵達，下車時已接近中午時分。更令人失望的是，南雅只是一處鄰海的小村落，四周荒涼無比，輕海紋白蝶究竟在哪裡呢？

漫遊在酷熱的豔陽下，並非一件快樂的事，喝水頻繁的同時，突然想到仲夏的烈日裡，蝴蝶可能都聚集在溪流處享用清泉。問了村民往溪流的方位後，便朝宜蘭的方向走去。才步行幾百公尺，便聽見潺潺的流水聲，不過沿途光禿禿的山景，簡直擊潰了剛來時的興緻勃勃。

到了溪畔處，山邊有條小徑直通上游，才不過幾分鐘的時光，突然間「一切改變了」。聚集在溪畔吸水的蝴蝶少說也有幾百隻，輕海紋白蝶多到讓人不願意去採集牠們。本文的主角雙尾蝶、銀斑小灰蝶及琉璃波紋小灰蝶，也夾雜其間。

經過一處攔沙壩後，眼前景緻一片蔥綠，讓人看傻了眼，溪流兩岸的植被，居然如同蘭嶼天池周遭的森林一樣豐盛茂密，只能用「沙漠裡的翠鬱綠洲」來形容當地特殊的植物生態奇景。

爾後陸續調查幾年下來，才發現林中生長不少的老荊藤族群，難怪雙尾蝶及銀斑小灰蝶在當地的族群數量，特別豐富；銀斑小灰蝶的習性比較特殊，幼蟲僅攝食花芽部分。

目前現場的環境改變不大，不過蝶隻數量卻明顯減少中，但依舊令人感動。我想，這裡不僅是觀察老荊藤與其夥伴蝶類的好地點，南雅毫無疑問也是台灣最經典的產蝶勝地之一。

老荊藤為豆科植物中的蔓藤類植物，普遍分佈於全台的低海拔山區，它的花朵紫紅色，顯眼美麗，於夏至秋季綻放。

【攝食蝶種】

雙尾蝶
Polyura eudamippus formosana

銀斑小灰蝶
Curetis acuta formosana

台灣銀斑小灰蝶 *Curetis brunnea*

琉璃波紋小灰蝶
Jamides bochus formosanus

姬波紋小灰蝶
Prosotas nora formosana

老荊藤。

吸水中的雙尾蝶（雄蝶）。

產卵後短暫休息的銀斑小灰蝶（雌蝶）。

雙尾蝶的卵及初齡幼蟲。

銀斑小灰蝶的的三齡幼蟲。

雙尾蝶的蛹。

銀斑小灰蝶的蛹。

停於濕石塊上吸水的銀斑小灰蝶（雄蝶）。

休息中的台灣銀斑小灰蝶，見於南投惠蓀林場（雄蝶）

吸水中的姬波紋小灰蝶（雄蝶）。

雙尾蝶的終齡幼蟲。

交尾中的琉璃波紋小灰蝶。

肥豬豆
Canavalia lineata

行日光浴中的白尾小灰蝶（雌蝶）。

❀ 豆科 Leguminosae ❀

　與表哥一起到蘭嶼已經好幾天了，我們鎖定的珠光鳳蝶、琉璃帶鳳蝶及球背象鼻蟲等知名度較高的昆蟲，逐一拍攝到完美的生態照片。這天我們來到朗島村，想碰碰運氣是否能夠看到八重山紫蛺蝶這種罕見的島嶼型蝶類。

　在等待的同時，路旁的肥豬豆花開遍地，許多小灰蝶活躍其間，立即引起我們的注意。一隻白尾小灰蝶正在肥豬豆花芽上產下幾粒卵，也見到琉璃波紋小灰蝶及波紋小灰蝶在花叢間流連忘返，牠們彼此間的親密關係不難理解。

　返家前，還是無緣見到八重山紫蛺蝶的產卵過程，但能發現肥豬豆與幾種小灰蝶的連結生態，此次蘭嶼之旅已值回票價。

　肥豬豆屬於濱海地區的地被植物，全台各地十分普遍，但以恆春半島及離島蘭嶼與綠島，比較能觀察到多種小灰蝶與其親密的生態網路。

交尾中的琉璃波紋小灰蝶。

休息中的淡青長尾波紋小灰蝶（雄蝶）。

【攝食蝶種】

白尾小灰蝶
Euchrysops cnejus
琉璃波紋小灰蝶
Jamides bochus formosanus
波紋小灰蝶 *Lampides boeticus*
淡青長尾波紋小灰蝶
Catochrysops panormus exiguus

正在吸食大花咸豐草花蜜的波紋小灰蝶（雄蝶）。

肥豬豆。

曲毛豇豆
Vigan reflexo-pilosa

◈ 豆科 Leguminosae ◈

　　在台灣北部地區很難發現小白波紋小灰蝶的身影，想要見牠一面，必須遠征中南部，才比較有機會尋得蝶蹤。位於南投埔里一帶的鯉魚潭，有曲毛豇豆的族群分佈，是附近田野裡十分常見的植物，也因為有豐沛的食物來源，當地所見的小白波紋小灰蝶族群數量，就像台灣其他地方的波紋小灰蝶一樣普遍。

　　在曲毛豇豆的花間，我們還能發現波紋小灰蝶及琉球三線蝶的幼生期。前者的食性甚廣，目前至少記錄了十餘種以上的豆科植物為其族群綿延後代的食物來源，蝶隻分佈的普遍性可想而知。後者也同樣屬於廣食性蝶類，只是幼蟲攝食的是葉片部分，與其他兩種小灰蝶的習性有所不同。但是在成蝶方面，三者皆是花間常客，亦喜歡飛臨於濕地上享用清泉。

吸水中的小白波紋小灰蝶（雌蝶）。

遊訪於曲毛豇豆花間的小白波紋小灰蝶（雄蝶）。

小白波紋小灰蝶的終齡幼蟲。

【攝食蝶種】

琉球三線蝶 *Neptis hylas lulculenta*
小白波紋小灰蝶 *Jamides celeno*
波紋小灰蝶 *Lampides boeticus*

休息中的波紋小灰蝶（雄蝶）。

在曲毛豇豆葉上產卵的琉球三線蝶。

曲毛豇豆。

扛香藤
Mallotus repandus

◆ 大戟科 Euphorbiaceae ◆

　　筆者在台灣的中南部山區，發現凹翅紫小灰蝶的機率不小，但總是在林間才能找到，蝶隻是否也會吸食花蜜，便成為想要瞭解的生態。有一天前往苗栗的友人家拜訪，卻意外在他家的庭院裡，觀察到凹翅紫小灰蝶訪花的畫面，蝶隻穿梭在長穗木、臭娘子、繁星花及馬纓丹的花叢間，幾乎流連了整個上午才離去，多年來的疑問就此得到解答。

　　選擇扛香藤為族群綿延後代的蝶類之中，目前只記錄到凹翅紫小灰蝶一種，而其他的紫小灰蝶類，多以選擇殼斗科植物為主。至於扛香藤是一種分佈十分普遍的植物，全台低山區至平原地帶普遍可見。

【攝食蝶種】

凹翅紫小灰蝶
Mahathala ameria hainani

遊訪繁星花的凹翅紫小灰蝶（雄蝶）。

休息中的凹翅紫小灰蝶（雄蝶）。

凹翅紫小灰蝶雌蝶的色彩與雄蝶幾乎一模一樣。

凹翅紫小灰蝶的終齡幼蟲。

扛香藤。

飛龍掌血
Toddalia asiatica

吸水中的琉璃紋鳳蝶（雄蝶）。

◈ 芸香科 Rutaceae ◈

　由字眼來解釋「飛龍掌血」名稱的意義，有如武俠小說裡的神奇術語，很難理解，但如果以生態方向著手解析，便有眉目可尋。它的形態為蔓藤狀，細長的莖幹有如飛龍般往上竄升伸長，掌狀葉片上密生銳利的倒鉤刺，不小心觸摸極易受傷流血，這或許就是飛龍掌血命名的由來吧！

　這種具有危險性的植物，卻有幾種鳳蝶依賴它維生，而其中的台灣鳳蝶及琉璃紋鳳蝶更是台灣的特有種蝶類，也因此飛龍掌血成為台灣蝴蝶園裡物種配置設計中，必備栽植的重要食草。它的族群遍及台灣全島山區，喜愛生長在排水良好的環境裡，產地如北橫巴陵、中橫谷關、南橫梅山等。

【攝食蝶種】

台灣鳳蝶
Papilio thaiwanus

白紋鳳蝶
Papilio helenus fortunius

琉璃紋鳳蝶
Papilio hermosanus

台灣白紋鳳蝶
Papilio nephelus chaonulus

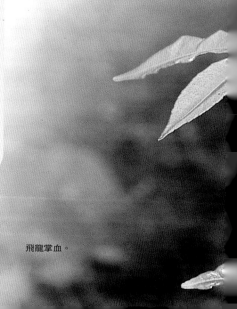

飛龍掌血。

琉璃紋鳳蝶特別喜愛遊訪冇骨消花間（雄蝶）。

琉璃紋鳳蝶的卵。

休息中的台灣鳳蝶（雄蝶）。

琉璃紋鳳蝶的終齡幼蟲。

遊訪馬利筋花間的台灣白紋鳳蝶（雄蝶）。

琉璃紋鳳蝶的蛹。

於冇骨消花間的白紋鳳蝶（雄蝶）。

正在吸食海州常山花蜜的台灣鳳蝶（雌蝶）

猿尾藤
Hiptage benghalensis

◈ 黃褥花科 Malpighiaceae ◈

　　沒有看過猿尾藤開花前，總以為它是桑科植物，尤其又常與小紫斑蝶的食草「盤龍木」混淆不清。它的美麗花朵確實令人讚賞，一旦過了花期，又恢復原來藤狀的平凡模樣。族群普遍分佈於台灣全島的低海拔山區，通常生長在林緣邊或日照充分的疏林內。

　　與它生活的三種蝴蝶當中，淡綠挵蝶的族群數量及普遍性，遠超過鸞褐挵蝶，而埔里琉璃小灰蝶也是山林裡常見的蝶類。牠們共同的習性是蝶隻喜愛飛臨於路旁的濕潤地上吸食水分，或遊訪於花叢間，埔里琉璃小灰蝶更會找尋樹幹上的汁液飽餐一頓。

遊訪馬纓丹花間的淡綠挵蝶（雄蝶）。

【攝食蝶種】

淡綠挵蝶
Badamia exclamationis
鸞褐挵蝶
Burara jaina formosana
埔里琉璃小灰蝶
Celastrina lavendularis himilcon

與月橘的白花在一起，鸞褐挵蝶顯得特別動人（雄蝶）。

吸水中的埔里琉璃小灰蝶（雄蝶）。

炎綠挵蝶的終齡幼蟲。

產卵於猿尾藤嫩葉上的埔里琉璃小灰蝶。

猿尾藤。

阿里山清風藤
Sabia transarisanensis

◆ 清風藤科 Sabiaceae ◆

　　台灣記錄了兩種清風藤屬植物，分別是台灣清風藤及阿里山清風藤；前者見於北部低山區，後者則是全台中高海拔森林產物，兩者皆為不普遍分佈的攀緣性灌木。

　　或許因為阿里山清風藤並不是隨處可見的植物，所以褐翅綠挵蝶也就成為台灣產的蝶類當中頗為罕見的成員。就筆者的經驗來說，在桃園拉拉山、宜蘭思源埡口或南投合望山一帶的森林邊緣，盛產阿里山清風藤的族群，所以只要時間安排得宜，於6～8月期間前往當地找尋幼生期還不算太困難，幾乎每次都可以有收穫。

　　但是同樣的地點卻難得看到褐翅綠挵蝶的成蝶身影，有的也只是短暫會晤，生態照片難以攝得。畢竟褐翅綠挵蝶習慣於清晨、黃昏或霧氣濛濛的時間活動，體型小加上數量又稀少，才導致蝶蹤難尋。

　　在台北的新店山區海拔400～700公尺間的稜線山頭上，分佈有不少的台灣清風藤族群，在本書出版前曾在其葉片上發現數枚蟲巢，但沒有看到幼蟲，如果這些蟲巢的主人皆為褐翅綠挵蝶，那台灣許多高地蝶類的海拔高度適應性，都有重新評估的必要。一般來說，褐翅綠挵蝶的長相近似大綠挵蝶，但雄蝶的斑紋淡綠偏水藍，而幼蟲色彩組成則完全不同。

【攝食蝶種】

褐翅綠挵蝶
Choaspes benjaminii formosananus

褐翅綠挵蝶習慣停棲於葉背下休息（雄蝶）。

台灣清風藤葉片上的蟲巢。

阿里山清風藤。

褐翅綠挵蝶的終齡幼蟲。

台灣清風藤。

桶鉤藤
Rhamnus formosana

❧ 鼠李科 Rhamnaceae ❧

　　桶鉤藤是一種讓人感覺相當柔順的蔓藤狀山林植物，經常出現在林緣旁，喜愛半日照環境，是台灣山區常見的植物之一。與它有著親密關係的蝶類，記錄有紅點粉蝶、三尾小灰蝶及墾丁小灰蝶。

　　迷上蝴蝶的這二十幾年來，對於紅點粉蝶的喜愛一直不曾改變。雖然牠的分佈十分普遍，但就是喜歡欣賞蝶隻合翅時，像極了一片高麗菜葉晶瑩剔透的感覺，是那麼秀麗、柔和與貼切。紅點粉蝶遊訪花間的姿態也相當優美，是攝影的好對象。

　　三尾小灰蝶在夏天的時候，喜愛選擇桶鉤藤為產卵植物，幼蟲攝食嫩葉，而墾丁小灰蝶除了細嫩的葉片外，亦會攝食花苞及果實。

【攝食蝶種】

紅點粉蝶
Gonepteryx amintha formosana

姬三尾小灰蝶
Horaga albimacula triumphalis

三尾小灰蝶
Horaga onyx moltrechti

墾丁小灰蝶
Rapala varuna formosana

吸水中的紅點粉蝶（雄蝶）。

三尾小灰蝶的卵。

三尾小灰蝶的終齡幼蟲。

紅點粉蝶的蛹。

拍攝於台北石碇山區的姬三尾小灰蝶（雄蝶）。

三在吸食虎杖花朵蜜汁的墾丁小灰蝶（雄蝶）。

正在行日光浴中的三尾小灰蝶（雄蝶）。

桶鉤藤。

小葉鼠李
Rhamnus parvifolia

❀ 鼠李科 Rhamnaceae ❀

在中海拔山區，小葉鼠李算是十分常見的植物，尤其在岩石裸露的乾燥崩塌環境特別多產，如中橫谷關、德基水庫、梨山至合歡溪一帶的沿途山區等。

這種鼠李科植物的枝條上，滿是尖銳的粗刺，難以親近。以往在谷關往德基水庫的中間路程旁，有幾處較為遼闊的平台區，斷崖邊緣的岩層上，便生長幾叢小葉鼠李的族群，曾經在這裡目擊到小紅點粉蝶、紅點粉蝶及霧社烏小灰蝶產卵的過程。

但是九二一大地震過後，這處盛產各類稀有蝶類的經典聖地已摧毀殆盡，本書中的閃電蝶、白裥蝶、國姓小紫裥蝶及三尾小灰蝶等十餘種稀有蝶類的生態圖片拍攝地點，便是在這裡完成的，而如今隨著產地的消失，這些畫面也就此成為歷史，殊為可惜。

還好在梨山往花蓮的路程中，還有幾處相似地點，也同樣擁有豐富的彩蝶資源，只是路途的遙遠，想要觀察小葉鼠李與蝴蝶夥伴的親密行為，相形之下也就更加地困難了。

【攝食蝶種】

霧社烏小灰蝶
Satyrium eximium mushanum

紅點粉蝶
Gonepteryx amintha formosana

小紅點粉蝶 *Gonepteryx taiwana*

吸食花蜜中的小紅點粉蝶（雄蝶）。

訪花中的紅點粉蝶（雌蝶）。

休息中的霧社烏小灰蝶（雌蝶）。

正在吸食大葉溲疏花蜜的霧社烏小灰蝶（雄蝶）。

小葉鼠李

鄧氏胡頹子
Elaeagnus thunbergii

◆ 胡頹子科 Elaeagnaceae ◆

　　幾年前從梨山採回兩棵鄧氏胡頹子，種植在蘭陽平原家中的庭院裡，原本擔心海拔的差異及平地酷熱的夏季會使植株無法存活。然而三年過去了，現在它們長得卻是壯碩無比，可見鄧氏胡頹子也是耐熱性很強的植物。這種藤蔓性灌木狀植物，分佈在台灣各處的中海拔山區，族群還算容易看到。

　　深山粉蝶唯一的食草便是鄧氏胡頹子。大約在二十年前的五月，有機會前往台中環山部落居住幾天。當地的溫帶果園幾乎佈滿整座山頭，原本想要採集稀有高山蝶類的夢想，很顯然地難以達成。不過筆者還是很努力拿著蝶網到公路上碰碰運氣。就在5月20日當天，看見許多白色蝴蝶在林緣邊活動，當時認為是紋白蝶，所以並不加以理會。過了幾天要回家時才發現，三角箱裡的蝴蝶僅有幾隻，就算採集紋白蝶充數也是不錯的選擇，畢竟是在高山生活的品系。結果採集到手的蝶隻全為深山粉蝶，有了這次的經驗之後，陸續在台七甲線沿途發現幾處深山粉蝶的繁殖地，牠們的生活史也順利地記錄下來，其過程如下，將卵聚產於葉背，幼蟲群聚生活，冬季築蟲巢集體渡冬，5～6月羽化成蟲，喜愛訪花，也經常群聚於濕潤地上吸水。

專注吸食小薊花蜜的深山粉蝶（雄蝶）。

【攝食蝶種】

深山粉蝶 *Aporia potanini insularis*

群聚吸水中的深山粉蝶（雄蝶）。

鄧氏胡頹子。

薄葉牛皮消
Cynanchum boudieri

◆ 夾竹桃科 Apocynaceae ◆

　　在台灣的中海拔山區，薄葉牛皮消是黑脈樺斑蝶、小青斑蝶及青斑蝶的產卵植物，族群生長的場所通常位在林緣、路旁或果園裡，全台均普遍分佈。

　　這種蔓藤類植物也具有毒素，幾種攝食其葉片的蝶類，一樣不受歡迎。到了低平原地區，小青斑蝶及青斑蝶就多喜愛選擇絨毛芙蓉蘭為產卵植物，而黑脈樺斑蝶的幼蟲則喜歡攝食台灣牛皮消的葉片。

　　多年前居住梨山的時候，每年到了夏季，在當地總會看到樺斑蝶飛舞的身影，可是就是找不到馬利筋。爾後回到平地生活，將薄葉牛皮消移植到庭院種植後才觀察到，原來樺斑蝶的幼蟲也同樣喜愛攝食薄葉牛皮消的葉片，謎團才終於得以揭曉。

　　與薄葉牛皮消有親密關係的這幾種斑蝶科成員，皆為台灣常見昆蟲，全台普遍分佈，經常遊訪於各類野花間，如白鳳菜、台灣澤蘭、大頭艾納香及蘭嶼木耳菜等菊科植物。

訪花中的黑脈樺斑蝶（雄蝶）。

黑脈樺斑蝶的終齡幼蟲。

於黃花三七草花間的青斑蝶（雌蝶）。

【攝食蝶種】

樺斑蝶 *Danaus chrysippus*
黑脈樺斑蝶 *Danaus genutia*
小青斑蝶 *Parantica swinhoei*
青斑蝶 *Parantica sita niphonica*

青斑蝶的終齡幼蟲。

正在吸食蟛蜞菊花蜜的小青斑蝶（雄蝶）。

薄葉牛皮消。

華他卡藤
Dregea volubilis

❖ 夾竹桃科 Apocynaceae ❖

　　筆者的庭院裡種植了幾棵華他卡藤，它那巨大的葉片以及蔓藤狀的莖節，將一旁的圍籬裝扮成獨樹一幟的景緻。到了夏天，淡紋青斑蝶的雌蝶便會飛臨在葉片上產卵，孵化後的幼蟲總是將葉片啃噬得殘缺不全，這對喜愛植物又熱戀蝴蝶生態的筆者而言，實在是很難權衡得失的難題。

　　一般而言，華他卡藤是一種熱帶性植物，台灣的中北部並無分佈，它喜愛全日照的環境，生長十分快速，是棚架上絕佳的遮陽植物。不僅如此，它那翠綠色的花朵綻放時，也展現出獨具的魅力，更是夜間蛾類重要的蜜源植物之一。

　　比起華他卡藤的不普遍，淡紋青斑蝶的蹤影幾乎全台可見，但截至目前為止，幼蟲尚無攝食其他植物的紀錄，台灣其他地區的族群究竟是選擇哪種植物為親密夥伴，也就需要進一步探討了。

【攝食蝶種】

淡紋青斑蝶 *Tirumala limniace*

遊訪風箱樹花朵的淡紋青斑蝶（雌蝶）。

交尾中的淡紋青斑蝶。

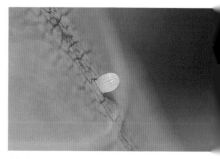

淡紋青斑蝶的卵。

正在行日光浴的淡紋青斑蝶。

淡紋青斑蝶的蛹。

淡紋青斑蝶的終齡幼蟲。

華他卡藤的奇異花朵。

華他卡藤。

武靴藤
Gymnema sylvestre

◆ 夾竹桃科 Apocynaceae ◆

武靴藤有個別稱叫「羊角藤」，因為它的果實形狀有如羊角般而得名；不過多數的夾竹桃科蔓藤類植物都有這樣的特徵，因此為了避免紛淆爭議，「武靴藤」的名稱也就普遍用於學術書籍上。

這種蔓藤類植物的分佈普遍，族群主要生育地在新竹以南地區，其葉片是斯氏紫斑蝶幼蟲主要的食物來源。斯氏紫斑蝶是全台普遍可見的蝶類，冬季會群聚於高屏地區的溫暖山谷裡度冬，並與小紫斑蝶、端紫斑蝶或琉球青斑蝶等多種斑蝶科成員，形成越冬型的蝴蝶谷，聚集數量往往高達數十或百萬蝶隻，蔚為奇觀。

中美洲的墨西哥也有斑蝶科成員集體越冬的行為，不過主角卻換成體色鮮明的大樺斑蝶。這種普遍分佈在美洲大陸的彩蝶，每到嚴冬之前，會由棲生在加拿大與美國地區的族群，陸續往南遷移，最後抵達墨西哥高地溫暖的山谷裡過冬，這樣的行為模式與台灣產的紫斑蝶遷移習性雷同。只不過在數量上頗有差距，台灣的紫斑蝶群聚有百萬隻數量便已屬難能可貴，然而墨西哥的大樺斑蝶族群群聚，通常都多達千萬或上億隻，堪稱「曠世奇景」。

【攝食蝶種】

斯氏紫斑蝶
Euploea sylvester swinhoei

雄蝶翅背擁有亮麗的金屬光澤。

飛行中的雄蝶展現出亮麗的體翅色彩。

斯氏紫斑蝶的終齡幼蟲。

遊訪金露花的斯氏紫斑蝶（雄蝶）。

武靴藤。

歐 蔓
Tylophora ovata

◆ 夾竹桃科 Apocynaceae ◆

蘿藦科植物與夾竹桃科成員的關係密切，它們的果實類型一致，所以許多植物學家多已將這兩科植物合併一起，成為同一家族，筆者也頗為贊同此種分類方式。

以往在台灣產的夾竹桃科植物中，歐蔓算是山野裡最為常見的一種，經常出現在路旁、林緣邊或疏林裡。也因為如此，當我們在山野裡健行或尋找昆蟲拍攝生態時，很容易發現琉球青斑蝶及姬小紋青斑蝶的幼蟲棲息在歐蔓葉片上，甚至雌蝶正要產卵的畫面也不難看到。

如果想要在自家的庭園中種植歐蔓，就近觀察蝶隻與它的親密關係時，最好不要將植株直接曝曬在陽光下，稍有遮陽的地點才是理想的栽培方式。琉球青斑蝶及姬小紋青斑蝶選擇產卵的環境，也不喜歡在陽光下進行，這也是歐蔓族群多見於林緣邊的主要原因。

【攝食蝶種】

琉球青斑蝶 *Ideopsis simillis*
姬小紋青斑蝶
Parantica aglea maghaba

遊訪於田代氏澤蘭的姬小紋青斑蝶（雄蝶）。

迷戀風箱樹花蜜的姬小紋青斑蝶（雌蝶）。

姬小紋青斑蝶的蛹。

駐足於光葉水菊花間的琉球青斑蝶（雄蝶）。

歐蔓的花。

琉球青斑蝶的終齡幼蟲。

歐蔓

台灣蝶類食草 **Part.6** 藤蔓、攀藤與攀緣植物

布朗藤
Heterostemma brownii

夾竹桃科 Apocynaceae

　　有次友人興沖沖地跑來詢問筆者，她在山上的藤類植物上發現了幾種漂亮的毛毛蟲，並拍攝圖檔請筆者鑑定，結果原來是布朗藤與小紋青斑蝶。我也順便告訴她布朗藤是一種夾竹桃科植物，葉片有毒性，除了小紋青斑蝶外，姬小紋青斑蝶及琉球青斑蝶的幼蟲也會攝食它的葉片，不過一般我們比較熟知後兩者的食草是歐蔓。

　　一般而言，布朗藤屬於陰性植物，多生長在林下或林緣邊的潮濕處，台灣中部以北山區分佈比較普遍。所以在陰濕山區的林道兩旁，總會見到為數可觀的小紋青斑蝶、琉球青斑蝶或姬小紋青斑蝶，通常也代表附近必有布朗藤族群，植物與蝶類之間密不可分的關係由此可見一斑。

【攝食蝶種】

琉球青斑蝶 *Ideopsis simillis*

姬小紋青斑蝶
Parantica aglea maghaba

小紋青斑蝶 *Tirumala septentronis*

遊訪鬼針草花朵的小紋青斑蝶（雄蝶）。

小紋青斑蝶的終齡幼蟲。

休息中的琉球青斑蝶。

訪花中的姬小紋青斑蝶（雄蝶）。

親臨田代氏澤蘭花間的小紋青斑蝶（雌蝶）。

布朗藤。

爬森藤
Parsonsia laevigata

爬森藤。

夾竹桃科 Apocynaceae

　　台灣產的兩種大白斑蝶，一種是分佈在本島南北兩端的珊瑚礁海岸林、蘭嶼及龜山島的大白斑蝶；另一種綠島大白斑蝶，則是綠島才能見到的特有蝶類。

　　牠們的食草「爬森藤」，就是一種海濱植物，理所當然，大白斑蝶也就成為海岸地區最具代表性的蝶類。相信見過大白斑蝶的愛好者，都會被牠那巨大體翅、溫和蝶性、緩慢飛行能力及秀麗的斑紋色彩給深深吸引，親和力十足，是人氣指數最高的賞蝶種類。

大白斑蝶的終齡幼蟲。

　　當然在眾多的蝶類食草中，爬森藤也同樣出類拔萃，它不僅僅只是蝶類的重要寄主植物，花開時更會吸引各類粉蝶、斑蝶、蛺蝶、小灰蝶及挵蝶駐足其間，提供了良好的蜜源，所以爬森藤與大白斑蝶便成為蝴蝶園設計時不可或缺的重要物種。

休息中的綠島大白斑蝶（雌蝶）。

【攝食蝶種】

大白斑蝶
Idea leuconoe clara

綠島大白斑蝶
Idea leuconoe kwashotoensis

綠島大白斑蝶的終齡幼蟲。

080

祥聚於爬森藤花間的大白斑蝶。

金銀花
Lonicera japonica

◈ 忍冬科 Caprifoliaceae ◈

　　在筆者居住的蘭陽平原鄉下地區，金銀花是庭院裡常見的藥用植物，據說它可以治療某些病痛，又可充當香花植物泡茶飲用，因此廣被栽培。小時候喜愛跑到附近的伯伯家採集，因為在他家庭園前的矮竹園籬，就纏繞了許多金銀花，而紫單帶蛺蝶及台灣星三線蝶特別喜愛遨遊其間。

　　對於當時還在唸小學的我來說，能發現這兩種蝶類是件不容易的事，尤其是紫單帶蛺蝶，牠那美麗動人的紫色斑紋，簡直像極了一幅無價的抽象畫，讓人愛不釋手。爾後，對於蝶類生態逐漸深入研究後才明瞭，原來紫單帶蛺蝶及台灣星三線蝶的食草就是俗稱「忍冬」的金銀花，難怪牠們的蹤影總是出沒在伯伯家的庭園裡。

　　這也告訴我們，只要能夠在家園裡栽植一些蝶類食草，那麼生活附近的相關蝶類，便會前來產卵棲息，甚至羽化成蟲，如此一來，眾多彩蝶飛舞於家門前的美妙畫面，便不再是只有偏遠山區才能欣賞到的景致，而且對於蝶類資源的保育也有所幫助，更能夠將生態帶入生活中，兼顧了美化與自然保育的雙重功能。蝶類的復育工作可說是輕而易舉、人人可行的。

【攝食蝶種】

台灣星三線蝶
Limenitis sulpitia tricula
紫單帶蛺蝶
Parasarpa dudu jinamitra

休息中的紫單帶蛺蝶（雌蝶）。

吸水中的紫單帶蛺蝶（雄蝶）。

紫單帶蛺蝶的終齡幼蟲。

台灣星三線蝶會到地面吸食礦物質（雌蝶）。

在行日光浴的台灣星三線蝶（雄蝶）。

台灣星三線蝶的蛹。

金銀花。

日本薯蕷
Dioscorea japonica

◆ 薯蕷科 Dioscoreaceae ◆

　薯蕷科植物的長相平凡，又屬於一般民眾討厭的攀緣性物種，沒有多少人有興趣去辨識成員間的彼此差異，就連筆者也是如此。不過可以確認的是，幾乎所有的山藥屬成員，都能夠充當相關蝶類的幼蟲食物。

　在台灣山林裡到處都有山藥的蹤跡，現在連平地都有人大量種植各種山藥，因為它們碩大的地下塊莖，美味可口，已成為時下流行的養生佳餚。至於攝食它們葉片的幾種挵蝶科成員中，蘭嶼白裙挵蝶的分佈範圍是比較狹隘的，目前僅見於蘭嶼及恆春半島等熱帶地區。

　不管是玉帶挵蝶或者是白裙挵蝶，還是蘭嶼白裙挵蝶，牠們所產下的卵，在表面上都附有一層毛，而且幼蟲會在葉緣邊裁剪葉片築巢，所以當我們在野外見到薯蕷科植物的葉片上有覆蓋狀的蟲包時，便有可能是相關蝶類幼蟲的傑作。

休息中的白裙挵蝶（雄蝶）。

遊訪山香圓的白裙挵蝶（雄蝶）。

【 攝食蝶種 】

玉帶挵蝶
Daimio tethys niitakana

白裙挵蝶
Tagiades cohaerens

蘭嶼白裙挵蝶
Tagiades trebellius martinus

白裙挵蝶的卵。

日本薯蕷。

裙挵蝶的終齡幼蟲。

休息中的蘭嶼白裙挵蝶（雄蝶）。

裙挵蝶的蛹。

短暫停棲休息的玉帶挵蝶（雌蝶）。

菝葜
Smilax china

🍃 菝葜科 Smilacaceae 🍃

比起大多數的蝶類，琉璃蛺蝶算是幸運兒，因為牠的幼蟲至少可以攝食三十種以上的植物，其中包含了二十餘種的菝葜科植物，以及百合科油點草屬的成員。由於食草的廣泛分佈，琉璃蛺蝶的蹤跡也遍及台灣各地山區，但是在平原環境則難得一見。

基本上，琉璃蛺蝶屬於森林性蝶類，成蝶腹面體翅有著岩石般的色彩，適合停棲於樹林間。但是蝶隻在休息時，多半會將雙翅展平，每當鮮明的藍紋展現時，便很容易引來掠食者。不過當牠警覺飛起逃離時，其亮麗的藍帶，遇光則閃爍不定，似乎也有混淆鳥類視覺的功能，因此大多數蝶隻皆可因此而逃過一劫。

像琉璃蛺蝶這麼適合生活在叢林中的蝶類，便不會出現在鮮明色彩的花海裡，成蝶似乎只對樹液、動物排遺或林中腐熟水果的汁液感興趣，這也是牠們求生存的一種自然法則。

目前分佈於基隆及台北汐止一帶的串珠環蝶，以平柄菝葜為寄主，但根據友人透露，其幼蟲也會攝食多種菝契屬植物，在此提供參考。

【攝食蝶種】

琉璃蛺蝶 *Kaniska canace drilon*

盡情享用鳳梨汁液的琉璃蛺蝶（雄蝶）。

琉璃蛺蝶的終齡幼蟲。

串珠環蝶的翅背擁有亮麗色彩。

串珠環蝶為小型的環紋蝶科成員。

充璃蛺蝶的斑紋色彩適合在森林環境活動。

正在行日光浴的雄蝶。

菝葜。

台灣蝴蝶食草

A Field Guide To Food Plants For Butterflies In Taiwan

Part.7

著生
與寄生植物

FOOD
PLANTS
FOR BUTTERFLIES

高氏桑寄生
Loranthus kaoi

桑寄生科 Loranthaceae

桑寄生科的成員原本就是植物世界中的異類,但在台灣還有一種寄生中的寄生植物,那就是本文的主角「高氏桑寄生」。這種小型的桑寄生科植物,所選擇寄主的對象僅有幾種,皆為大葉桑寄生屬植物,如杜鵑桑寄生或忍冬葉桑寄生等。

所謂道高一尺,魔高一丈,高氏桑寄生是寄生中的寄生,以它為寄主的花蓮青小灰蝶,不就更加高明嗎?花蓮青小灰蝶在野外的食物選擇,還包含了喜愛寄生於針葉樹植物的松寄生。

我想許多讀者看完本文後,便有股衝動想要上山,找尋高氏桑寄生或花蓮青小灰蝶的蹤跡。不過這類生物分佈在全台的中海拔山區,族群數量不多,想要一睹風采並不容易。在此提供個人的觀察地點以方便探尋,如宜蘭思源埡口、桃園中巴陵或台中梨山等地。

產卵後在附近葉上休息的花蓮青小灰蝶。

花蓮青小灰蝶遊訪在山香圓花間(雄蝶)。

【攝食蝶種】

花蓮青小灰蝶
Tajuria diaeus karenkonis

花蓮青小灰蝶的終齡幼蟲。

松寄生也是花蓮青小灰蝶喜愛選擇產卵的植物。

忠氏桑寄生。

大葉桑寄生

Scurrula liquidambaricolus　　桑寄生科 Loranthaceae

相信有大葉桑寄生分佈的地方，就能發現紅肩粉蝶或紅紋粉蝶的蹤影；不過後者未曾分佈於台灣北部及東北部地區。到了海拔600~1400公尺的山區，又多了欣賞台灣特有種蝶類「褐底青小灰蝶」秀麗身影的機會。而本組親密關係的團隊中，閃電蝶卻是最稀有而且難得一見的物種。

多年前的一個仲夏日，友人建安來訪，聽聞宜蘭棲蘭苗圃盛產各類彩蝶，邀約筆者一起上山採集，我們便搭乘巴士前往目的地。在當時蒐集蝴蝶是相當普遍的，我們藉由採集過程來瞭解蝶類的族群數量、分佈及幼生期等生態。

當時台七甲線尚未鋪設柏油，路況奇差無比，不過蝶況卻好的沒話說。我們下車不久，就看見路旁的水濕地上，到處有各類彩蝶群聚吸水的景致。而心儀已久的夢幻蝶種「閃電蝶」，就這樣活生生地出現在眼前。

以往由相關書籍得知，閃電蝶棲息於深山峻谷中，沒想到會在低海拔的人為環境裡會晤，這讓人大感不解。懸在心中的謎團，直到1990年其生活史被揭曉後才恍然大悟，原來閃電蝶的幼蟲攝食大葉桑寄生，而此種植物普遍見於當地，那麼有閃電蝶的分佈也就理所當然了。

那天中午以前，我們連續發現十餘隻閃電蝶的蹤跡，這是探詢蝶類生態多年來在野外見過最多閃電蝶的一次。如今重返現場發現，棲蘭苗圃早已成為觀光勝地，人潮及環境改變的關係，導致閃電蝶的蹤影已難覓尋；不過當地的紅肩粉蝶族群，反而有蓬勃替代的跡象。

大葉桑寄生是全台山區局部分佈的植物，只要找到生育地，便能發現龐大的族群數量，如桃園下巴陵、南投埔里、嘉義來吉、台東知本等地，通常寄生在梅、李、櫻花、桂花、杜鵑等薔薇科、木犀科或杜鵑花科成員的樹體上。

在食物替代方面，可採用忍冬葉桑寄生、杜鵑桑寄生及蓮華池桑寄生，它們的葉片同樣受到相關蝶類幼蟲的青睞，雌蝶人工採卵亦同。

【攝食蝶種】

紅紋粉蝶 *Delias hyparete luzonensis*
紅肩粉蝶 *Delias pasithoe curasena*
閃電蝶 *Euthalia irrubescens fulguralis*
褐底青小灰蝶 *Tajuria caeruela*

褐底青小灰蝶被針葉樹毬果上的露水吸引（雄蝶）

大葉桑寄生。

094

當我在中橫谷關攝得這張閃電蝶圖片時，興奮了幾天，因為牠實在太美麗了（雄蝶）。

閃電蝶的終齡幼蟲。

嗜食鳳梨汁液的珍稀蝶種閃電蝶。

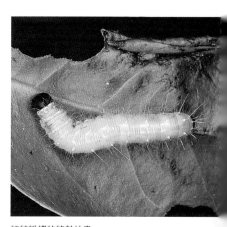

紅紋粉蝶的終齡幼蟲。

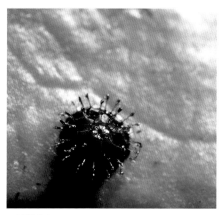

閃電蝶的卵。

紅肩粉蝶的群生卵。

木息中的紅肩粉蝶。

群聚生活的紅肩粉蝶幼蟲。

紅紋粉蝶遊訪聖誕紅的畫面，堪稱為大自然的傑作（雄蝶）。

杜鵑桑寄生
Scurrula rhododendricolius

桑寄生科 Loranthaceae

一般民眾常把寄生與著生性植物混淆不清。比方我們在山林裡見到的山蘇或石斛蘭，它們植物體只是附著在寄主的樹幹上，根莖沒有深入樹體內吸取養分，所以它們屬於「著生或附生植物」群。而真正的寄生植物，就像本文的主角「杜鵑桑寄生」一樣，會吸取樹體內的養分，最後導致寄主衰敗死亡。台灣像這類的寄生植物種類不多，僅有十餘種。

海拔1000~2500公尺的山區是杜鵑桑寄生的家，族群分佈普遍，喜歡選擇寄生的對象有殼斗科、榆科、薔薇科、槭樹科及杜鵑科等植物的家族成員。

已知相關蝶類有韋氏麻斑粉蝶、連紋小灰蝶、紅肩粉蝶及褐底青小灰蝶，而它的葉片也可以餵食紅紋粉蝶及閃電蝶。

在中海拔地區，韋氏麻斑粉蝶相當普遍，成蝶羽化於5~7月間。蝶隻的個性恬靜、溫和，在訪花或吸水時，皆十分容易入鏡。成蝶的習性與斑紋色彩近似麻斑粉蝶，經常造成識別上的困擾。兩者最易辨別之處在於本種的觸角先端有明顯白紋，而麻斑粉蝶則無此特徵。

【攝食蝶種】

韋氏麻斑粉蝶 *Delias berinda wilemani*
紅肩粉蝶 *Delias pasithoe curasena*
褐底青小灰蝶 *Tajuria caeruela*
連紋小灰蝶 *Tajuria illurgis tattaka*

杜鵑桑寄生的花朵也是重要的蜜源植物。

忍冬葉桑寄生的功能與本種完全相同。

杜鵑桑寄生。

停留在貓兒菊花間的韋氏麻斑粉蝶（雄蝶）。

幼蟲群聚生活的韋氏麻斑粉蝶。

吸水中的韋氏麻斑粉蝶（雄蝶）。

漣紋小灰蝶是台灣最稀有珍貴的蝴蝶之一（雄蝶）

韋氏麻斑粉蝶的群生卵。

漣紋小灰蝶的終齡幼蟲。

褐底青小灰蝶的終齡幼蟲。

褐底青小灰蝶是台灣少數的特有蝶類成員（雄蝶）。

三駐足於有骨消花間的紅肩粉蝶（雄蝶）。

楓欒柿寄生

Viscum liquidambaricolum

台灣槲寄生也是麻斑粉蝶的重要食草。

桑寄生科 Loranthaceae

　　發現楓欒柿寄生與麻斑粉蝶的親密關係，其中過程還頗為有趣。民國79~85年間，我住在梨山，只要一有時間，便往附近的產業道路尋蝶攝影。有一年7月，在住處附近的松茂林道，看見幾隻麻斑粉蝶老是徘徊在栓皮櫟的樹叢間，就這樣目擊了雌蝶產卵的過程。不過寄生在栓皮櫟樹上的楓欒柿寄生，生長的位置過高，無法取得卵塊，心想就採集雌蝶進行人工套網，以便記錄幼生期的過程。

　　前些日子友人從日本帶回一組有綠色網子的捕蟲網送我，正好可以派上用場。當我拿出網子搖擺試著揮竿時，附近的麻斑粉蝶居然自投羅網，一路持續同樣的動作，竟又引來韋氏麻斑粉蝶、小紅點粉蝶、紅點粉蝶及大紫蛺蝶，原來這些蝶類都喜愛光亮的鮮綠色彩。不過另一種以楓欒柿寄生為食草的黑星琉璃小灰蝶，就不受此誘惑。

喜愛享用清泉的麻斑粉蝶（雄蝶）。

　　在同一天也記錄到麻斑粉蝶，亦會選擇台灣槲寄生為產卵植物，至於黑星琉璃小灰蝶就獨鍾於楓欒柿寄生。楓欒柿寄生是一種普遍分佈於全台海拔200~2500公尺間的桑寄生科成員，屬於無正常葉的小型灌木，主要寄生於殼斗科、樟科及金縷梅科等成員的樹體上。

麻斑粉蝶的卵。

【攝食蝶種】

黑星琉璃小灰蝶
Ancema ctesia cakravasti

麻斑粉蝶 *Delias lativitta formosana*

麻斑粉蝶的蛹。

晶於中橫石山溪的黑星琉璃小灰蝶，正在地上吸食水分。　麻斑粉蝶的幼蟲。

桐櫟柿寄生。

扁球羊耳蒜
Liparis elliptica

蘭科 Orchidaceae

2006年秋季，友人林南忠先生來電告知，他於新竹尖石家園附近的山區，發現大片的扁球羊耳蒜族群，並觀察到一種小灰蝶的幼蟲與它相依為命，這馬上讓人聯想到雙尾琉璃小灰蝶。

的確，這種小型又美麗的蝶類，喜愛與各種蘭科植物為伍，先前已經有人採用蝴蝶蘭人工套網方式，成功飼育蝶隻的紀錄，那麼真正野生的食草應該就是扁球羊耳蒜。

這又讓人想起，在宜蘭棲蘭苗圃停車場旁，有一棵百年的老茄苳樹，在枝幹末端著生成群的扁球羊耳蒜，每當夏季前往當地時，總會在附近的濕地上發現為數不少的雙尾琉璃小灰蝶群聚吸水的畫面，也因此過去這二十幾年來，每每前往當地見到牠的身影時，總是在推測幼蟲到底是攝食哪種蘭科植物，如今答案才終於揭曉。

當地盛產的幾種著生蘭花，如台灣風蘭、新竹風蘭、溪頭風蘭、石仙桃、倒吊蘭、虎紋蘭、豹紋蘭、台灣香蘭、白花石斛、一葉羊耳蒜等，都有可能是雌蝶產卵的對象。

【攝食蝶種】

雙尾琉璃小灰蝶
Hypolycaena kina inari

新竹風蘭。

飛行中的雄蝶。

琉璃小灰蝶的雄蝶喜愛飛臨於林道濕處吸食水分。

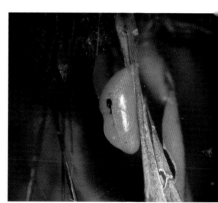

雙尾琉璃小灰蝶的蛹。

行日光浴中的雄蝶。

台灣蝴蝶

A Field Guide To Food Plants For Butterflies In Taiwan

蜜源植物

大圖鑑

Bougainvillea brasiliensis 紫茉莉科 **Nyctaginaceae**

熱情洋溢的群花綻放，是九重葛給人的第一印象，但是它那鮮明色彩的部位，其實是葉狀苞片，而位於葉狀苞片中心的潔白小花，才是真正的花朵。一般來說，九重葛的野生原種只呈現粉紅苞片，爾後才改良出白、紅、黃到豔紅間的不同變異，熱鬧非凡。

基本上，九重葛屬於熱帶植物，原產於墨西哥，台灣中南部地區能夠常年保持花開的紀錄，幾次前往恆春半島的墾丁地區，皆能見到黃裳鳳蝶、白帶鳳蝶或烏鴉鳳蝶嬉戲於花間的曼妙畫面，感覺就像到熱帶國家旅遊一樣，其他像端紅蝶或挵蝶科成員，也同樣會造訪它的花朵。

九重葛與玉帶鳳蝶。

九重葛與姬單帶挵蝶

玉山石竹

Dianthus pygmaeus

石竹科 **Caryophyllaceae**

當我們前往高海拔山區時，玉山石竹柔口的粉紅花朵，絕對是最能引人矚目的予花之一。它的花季集中於5～10月間，术而產於較低海拔北橫巴陵500公尺山區勺近似種巴陵石竹，由早春便陸續綻放直至嚴冬的來臨才凋零。一旦移植至乙地栽培時，則有全年展開顏笑的魅力讓人喜愛不已。

這種美麗的野花喜愛生長在崩塌環境或卆石坡地上，屬於陽性植物。會遊訪花门的蝶類，以粉蝶、蛇目蝶、蛺蝶及拤科蝶類為主，一般來說，大型鳳蝶及虻蝶科成員少有蒞臨花間的紀錄。另外豸自於中國的五彩石竹(*D. chinensis*)，為囩藝常見的觀賞花卉，也是很好的蜜源氃物。

玉山石竹與小紅點粉蝶。

五彩石竹與大琉璃紋鳳蝶。

青 葙
Celosia argentea

嚴格說來，莧科植物的花形並不適宜蝶類吸食蜜源，然而青葙卻是少數的例外之一。記得有次前往宜蘭市友人家拜訪，在他家一旁的空地上，便群生著青葙族群，那是秋季的一個晴朗上午，我看見孔雀青蛺蝶、孔雀蛺蝶、琉球紫蛺蝶、琉球三線蝶、白波紋小灰蝶及姬單帶挵蝶等中小型蝶類，接二連三地造訪它的花朵，也才明白台灣野生的莧科植物中，還是有蝶類喜愛的蜜源植物；不過似乎侷限於蛺蝶科、小灰蝶科及挵蝶等成員。

青葙常見於全台各地的開闊環境，屬於陽性植物，園藝市場常見的千日紅、雞冠花等莧科植物，亦有同樣功能。

青葙與白波紋小灰蝶。

108

青葙與孔雀青蛺蝶

串鼻龍
Clematis grata

串鼻龍是一種生活於林緣邊或開闊陽性環境中的纏繞性植物，全台平原至中海拔山區普遍分佈。每到了仲夏日便是花朵綻放的季節，不過因為花形的關係，似乎沒有蝶類喜愛駐足其間，這可由多年來的野外觀察紀錄得到驗證。

2007年7月的一趟二格山之行，卻打破了先前的想法。在當地的稜線上生長一叢盛開花朵的串鼻龍，或許因為周圍完全沒有其他蜜源植物的關係，飛往山頭的蝶類，便會降臨於花間，並看見端紫斑蝶、端紅蝶及墾丁小灰蝶陸續造訪。

串鼻龍與墾丁小灰蝶。

109

串鼻龍與端紫斑蝶。

蘿 蔔

Raphanus sativus　　　十字花科 **Cruciferae**

　　對於蝴蝶或人類來說，十字花科植物都是非常重要的食物供應者，主要包含了高麗菜、油菜、小白菜、大白菜、芥菜及蘿蔔等許許多多的成員在內。

　　這些蔬菜的葉片除了提供紋白蝶類幼蟲食用外，它們的花朵也是很不錯的甜蜜製造者，尤其以蘿蔔花朵最為明顯。

　　記得在梨山居住的那幾年，房舍四周的果園裡，有不少野生的蘿蔔族群，花朵全年綻放，因此不分春、夏、秋、冬，總有蝶類蒞臨於花間，像大紅紋鳳蝶、姬紅蛺蝶、孔雀青擬蛺蝶、黃紋粉蝶、台灣黃蝶等，都是花間常客。

蘿蔔與台灣黃蝶。

蘿蔔與姬紅蛺蝶

大葉溲疏

Deutzia pulchra ❖ 虎耳草科 **Saxifragaceae** ❖

對於大葉溲疏的印象十分深刻，因為它的族群普遍見於全台沿海至中海拔山區，花期由春季一直延續至到初夏，幾乎所有喜愛遊訪花間的蝶類皆會造訪。

2007年4月上旬的一日，前往宜蘭四季村找尋各類春仙子的蹤影。抵達溪畔邊時，一旁的大葉溲疏正值花季，便花了一個多小時的時間，觀察蒞臨花間的蝶種。結果計有寬青帶鳳蝶、白紋鳳蝶、黑鳳蝶、紋白蝶、圓翅紫斑蝶、青斑蝶、琉璃蛺蝶、紅蛺蝶、黑擬蛺蝶、石牆蝶、大綠挵蝶及黑紋挵蝶等不同科別的成員造訪，可見大葉溲疏綻放的白色花朵多有魅力。

大葉溲疏與青斑蝶。

大葉溲疏與寬青帶鳳蝶。

高山藤繡球

Hydrangea aspera

　　台灣的八仙花屬植物有七種，其中比較具有引蝶功能的有大枝掛繡球、水亞木及高山藤繡球。高山藤繡球的花期集中於6～10月間，是中海拔山區極為重要的蜜源植物。

　　經常蒞臨的蝶類以鳳蝶、蛺蝶、挵蝶及小灰蝶科成員為主，尤其是曙鳳蝶、綠豹斑蝶及黃紋挵蝶屬成員，特別喜愛造訪。2007年的7月下旬，更於台七甲線的高山藤繡球花間，目擊到寬尾鳳蝶遊訪花間的難得景致。

寬尾鳳蝶與高山藤繡球。

高山藤繡球與小黃紋挵蝶。

高粱泡
Rubus lambertianus

分佈於台灣的懸鉤子屬植物有三十餘種，每一成員皆是優良的蜜源植物。高粱泡主要見於台灣各地的中海拔山區，族群十分常見，花期集中於6～9月間，所以這一段時間也正好是各種小黃紋挵蝶類的羽化季節，經常能夠看到牠們蒞臨花間吸食蜜源的活潑景致。

高粱泡的花苞同時也是嘉義小灰蝶喜愛產卵的部位，葉片則是白挵蝶幼蟲攝食的營養來源。由此得知，高粱泡同時兼具了蜜源與食草功能於一身，是蝶類密不可分的良伴之一。

其他懸鉤子屬植物與白鬚小黃紋挵蝶。

高粱泡與白鬚小黃紋挵蝶。

紅粉撲花

Calliandra emarginata

原本對於紅粉撲花的認識，只知道它是一種美麗的園藝觀賞植物，原產於中美洲。但2007年8月中旬與日本友人於台七甲線探詢蝶類生態時，才於路旁成排的紅粉撲花，看見百餘隻各類鳳蝶、粉蝶、斑蝶、蛇目蝶、小灰蝶及挵蝶科成員，蒞臨於花間的熱鬧景致，這才明白蝶類是多麼喜愛紅粉撲花。

現場的蝶隻以大鳳蝶及端紅蝶的數量最多，尤其是端紅蝶與紅粉撲花鮮明的紅花搭配的畫面，堪稱是自然傑作。

紅粉撲花與端紅蝶。

紅粉撲花與大鳳蝶。

聖誕紅

Euphorbia pulcherrima ❧ 大戟科 **Euphorbiaceae** ❧

在植物世界中有幾種著名的節慶花卉，諸如母親節的康乃馨、情人節的玫瑰、端午節的菖蒲及聖誕節的聖誕紅等。的確，聖誕紅在花朵盛開之際，陪襯一旁的葉狀苞片呈現出鮮紅又亮麗的色彩，非常迎合歡樂節慶的氣氛。

初秋十月是聖誕紅展開笑顏的開始，那麼山野裡到底有哪些蝶類喜愛造訪它的叢間呢？我想走一趟南投埔里一帶的山區，便能一目了然。

當地的紅紋粉蝶戲劇性的大發生，幾乎只要是羽化於聖誕紅附近的紅紋粉蝶，就會如同斑蝶迷戀光葉水菊一樣，群聚於花叢間徘徊造訪，且久久不肯離去。

筆者個人認為，在所有蝶戀花的鏡頭當中，紅紋粉蝶與聖誕紅的搭配堪稱是最經典的畫面之一，那種潔白、鮮紅與綠色的強烈對比色彩，交織展現出的協調感，任誰見了都會不由自主地讚嘆大自然的燦爛奪目。當然，其它像是鳳蝶科、粉蝶科、蛺蝶科、小灰蝶科及挵蝶科的部分成員，亦是花間常客。

聖誕紅與紅紋粉蝶。

聖誕紅與紅紋粉蝶

月 橘
Murraya paniculata 芸香科 **Rutaceae**

幾乎所有芸香科植物開花時，都有相當的引蝶魅力，理所當然月橘也不例外。這種植物全台低山地帶普遍可見，但是我們經常看到它的地方，卻是在庭院、校園或公園中充當綠籬植物使用。

月橘的花朵就如同柑橘類一樣，花瓣厚實潔白，並帶有一股淡淡的清香，讓人喜愛。蝶類的世界中，以挵蝶、小灰蝶及斑蝶科成員特別喜愛駐足於花間，其次則是蛺蝶、蛇目蝶、粉蝶及鳳蝶。

月橘與小紋褐挵蝶。

116

月橘與黑點大白斑蝶。

非洲鳳仙花

Impatiens walleriana ◆ 鳳仙花科 **Balsaminaceae** ◆

非洲鳳仙花雖然原產於南非，但因為觀賞價值極高，也引進台灣的園藝市場，並普遍歸化於全台的平原至山區。這種植物的花色五花八門，由白、粉紅、紫紅、橙紅到鮮紅皆有，目前在農業單位的改良下，更有各種雜斑的花色展現。

這種植物厭惡陽光直接照射，所以族群分佈的地點多為稍有遮蔭的林下環境，因此不管活躍於陽光下的端紅蝶，或是總是喜愛出沒於陰涼環境的黑挵蝶，皆是非洲鳳仙花的仰慕者。

一般來說，斑蝶科及蛺蝶科成員較少蒞臨花間，但鳳蝶、粉蝶及挵蝶科成員便十分熱絡。

非洲鳳仙花與端紅蝶。

非洲鳳仙花與白紋鳳蝶。

山香圓
Turpinia formosana　　　省沽油科 Staphyleaceae

　　在我拍攝蝶戀花的過程中，山香圓的花叢無疑是最為精采的一種，每年4～6月間便有豐富的蝶類資源接踵而來。

　　桃園的巴陵山區原本就是各類稀有彩蝶的知名產地，只要一到了山香圓的花季，如果又能找到適宜的地點及拍攝角度，那麼像白底烏小灰蝶、田中烏小灰蝶、花蓮青小灰蝶、褐底青小灰蝶及嘉義小灰蝶等平常難得一見的蝶種，便成為花間常客，精采畫面也就能夠隨心所欲地盡情拍攝。

　　山香圓的族群在台灣其他山區的分佈亦十分普遍。吸引的對象也由中大型的鳳蝶、粉蝶、斑蝶、蛇目蝶、挾蝶到小型的小灰挾蝶、小灰蝶及挵蝶科等不同類型的科別成員，比比皆是。

山香圓與黃星鳳蝶。

山香圓與褐底青小灰蝶。

青脆枝

Nothapodytes nimmonianus ❧ 茶茱萸科 Icacinaceae ❧

青脆枝特產於蘭嶼及綠島，不過第一次見到它的蹤影，卻是在墾丁林試所的栽培區。那是三月中旬的一天，前往當地尋蝶攝影，正巧也是青脆枝花開最為繁盛的季節。

當天所記錄到的蝶類有斑蝶、粉蝶、蛺蝶、小灰蝶及挵蝶科等成員，其他亦有天牛、金龜子、鹿子蛾及擬鳳蛾嬉戲於花間，十分熱鬧。隔月前往蘭嶼，也在當地的林緣邊看到青脆枝的蹤影，算是矮喬木當中十分常見的蜜源植物。

青脆枝與擬鳳蛾。

青脆枝與姬波紋小灰蝶。

虎 葛

Cayratia japonica ❖ 葡萄科 **Vitaceae** ❖

有一年春夏交替的季節，前往北橫四陵找尋伏氏綠小灰蝶，當天並無收穫，倒是在長尾尖葉櫧林下的陽光處，正好盛開著虎葛的花朵，有不少蝶類駐足於花間，如黃三線蝶、拉拉山三線蝶及朝倉三線蝶等。

隔幾日後又於桃園達觀山的森林邊緣，觀察到紅小灰蝶、台灣單帶小灰蝶、青帶鳳蝶、玉山黃斑挵蝶等蝶類親臨花間，自此也就清楚明白虎葛是一種優良的蜜源植物。一般來說，虎葛的族群普遍見於全台低至中海拔山區，花期集中於夏秋兩季。

虎葛與朝倉三線蝶。

虎葛與黃三線蝶。

火筒樹

Leea guineensis ❀ 火筒樹科 **Leeaceae** ❀

　　台灣的火筒樹科植物只有兩種,分別是菲律賓火筒樹及火筒樹,兩者皆是優良的蜜源植物。不過台灣要見到野生的火筒樹並不容易,必須前往恆春半島、蘭嶼或綠島地區,才有緣一睹風采。火筒樹的花朵十分小型,卻密集生長成平台狀花序,既鮮艷又美觀,花期全年可見,是許多熱帶蝶類鍾愛的蜜源,如黑點大白斑蝶、綠斑鳳蝶或黃裙粉蝶等。

火筒樹與樺斑蝶。

火筒樹與荷氏黃蝶。

朱 槿
Hibiscus rosa-sinensis

◈ 錦葵科 **Malvaceae** ◈

　　小時候家園後方栽培了一整排的朱槿，它是一種理想的圍籬植物，花朵鮮麗、大型又幾乎天天綻放，所以它的蹤影遍及全台鄉村或都會區的公園、校園內。

　　在尚未賞蝶之前，孩提時代常於放學途中，在鄰居伯伯家的庭園前，看見紅紋鳳蝶嬉戲朱槿花間，心中埋下了喜愛蝶類的種子，朱槿對我的啟蒙意義也就特別重大。

　　一般而言，喜愛蒞臨朱槿花間的蝶類以鳳蝶、大型粉蝶、小灰蝶及挵蝶科成員為主，其中又以大鳳蝶、紅紋鳳蝶、端紅蝶及玉帶鳳蝶等蝶類的造訪次數最為頻繁。

朱槿與荷氏黃蝶。

朱槿與大鳳蝶。

絲 瓜

Luffa cylindrica 　※ 葫蘆科 **Cucurbitaceae** ※

　平常我們食用的蔬菜中，有哪種成員兼具了觀花及食用的價值呢？我想絲瓜必定能夠輕易地入選。在我們蘭陽平原的鄉下地區，每年過了端午節，便進入絲瓜的採收季節，它那鮮黃又大型的花朵十足搶眼，成熟果實更令人垂涎三尺。

　絲瓜的大型黃花，對於某些蝶類來說是頗為重要的蜜源供應者，尤其以姬單帶弄蝶、孔雀紋蛺蝶、琉球紫蛺蝶、雌紅紫蛺蝶及荷氏黃蝶最為迷戀絲瓜的甜美汁液。而它那鮮明的黃花與任何蝶類搭配，都能夠呈現美麗的畫面，絲瓜確實「讚」！

絲瓜與荷氏黃蝶。

絲瓜與姬單帶弄蝶。

細葉雪茄花

Cuphea hysspiofolia ❀ 千屈菜科 **Lythraceae** ❀

當我們在營造蝴蝶生態園時，如果有細葉雪茄花的加入，必定能夠展現如虎添翼的效益，因為形態矮小的它，能夠天天綻放花朵，而且為多年生植物，所以是一些小型草原蝶類良好的蜜源。

基本上細葉雪茄花是一種陽性植物，許多大型鳳蝶、粉蝶、斑蝶及峽蝶類皆喜愛造訪。不過畢竟細葉雪茄花為園藝外來的觀賞植物，一般野地裡幾乎沒有分佈，出現的地點多半為風景區或公園、校園等環境。

細葉雪茄花與黑點粉蝶。

細葉雪茄花與台灣粉蝶。

裡白楤木

Aralia bipinnata ✦ 五加科 **Araliaceae** ✦

　　台灣的山林裡，到處都有裡白楤木的蹤影，但是奇特的是，不是所有地區的花叢間都有蝶蹤的存在，為何會產生如此的情況，也非三言兩語可以探討清楚。但是不管如何，某些地區盛開的裡白楤木花叢間，確實佈滿了彩蝶的身影，中橫梨山至大禹嶺路旁的族群便是很好的例子。

　　每年只要到了7～10月間的裡白楤木花季，分佈當地的大紅紋鳳蝶，便會群聚於潔白花叢間，多達百餘隻的盛況不時可見。其他如鳳蝶、粉蝶、斑蝶、蛇目蝶、蛺蝶、小灰蛺蝶、小灰蝶及挵蝶科成員，亦會紛紛造訪其間。裡白楤木與鵲不踏的形態近似，差異在於裡白楤木的葉背略為灰白，而鵲不踏則是綠色。

裡白楤木與台灣小灰蛺蝶。

125

裡白楤木與大紅紋鳳蝶。

鵲不踏

Aralia decaisneanae ❖ 五加科 **Araliaceae** ❖

與裡白楤木一樣，鵲不踏的蹤影也普遍見於台灣各地山林裡，同樣蝶戀花的熱鬧景致，亦是呈現幾家歡樂幾家愁的情況。比方在北橫明池一帶的公路兩旁，每年到了7~9月間是當地鵲不踏花朵綻放的日子。但是多年來觀察，有幾株樹體所開放的花朵，特別受到各類彩蝶的青睞，而且熱絡之盛況幾乎可以用密集來形容。

這些受到蝶類或其他昆蟲迷戀的花叢，都有共同的生育環境，那就是樹體紮根的地點多半位於崩塌地形的峭壁上，環境十分惡劣。或許因為排水良好的關係，植物體所綻放的花朵蜜汁便特別甜美，這可由果樹的栽培經驗得到驗證。

鵲不踏與石牆蝶。

鵲不踏與彩蝶群聚一堂的熱鬧景致。

杜鵑花

Rhododondron spp.   ✦ 杜鵑花科 **Ericaceae** ✦

台灣的野生杜鵑屬植物大約產14種，花期主要集中於3～6月間，它們皆是良好的蜜源植物。不過一般我們在人為環境中所見到的杜鵑花，絕多數為外來的栽培種，它們也同樣受到蝶類的青睞。

在蝶類的世界中，喜愛遊訪杜鵑花類的成員，以鳳蝶、粉蝶及挵蝶科的組員為主，尤其是早春發生的黃星鳳蝶、斑鳳蝶與大型的端紅蝶、烏鴉鳳蝶及小型的挵蝶等最為喜愛造訪。

杜鵑花與黃星鳳蝶。

杜鵑花與端紅蝶。

海檬果

Cerbera manghas

夾竹桃科 **Apocynaceae**

在蘭陽地區的沿海地帶生長了許多海檬果族群，每當過了梅雨季節，便開始陸續綻放潔白的花朵直到秋季，不過有印象以來，卻從未見過有蝶類蒞臨花叢間的紀錄，其他台灣本島的濱海區域亦是如此。

不過如果將場景轉換成蘭嶼島後，情況便有所改變，海檬果的蜜源是珠光鳳蝶最為喜愛的食物之一。所以只要是海檬果的開花期間，珠光鳳蝶幾乎不會造訪其他野花，成蝶迷戀海檬果可見一斑。

海檬果與珠光鳳蝶。

海檬果與珠光鳳蝶。

風箱樹

Cephalanthus naucleoides ◈ 茜草科 **Rubiaceae** ◈

茜草科植物所綻放的花朵多半是讓人賞心悅目的潔白色彩，風箱樹也不例外。這種落葉性灌木主要分佈於台北及宜蘭地區的水澤環境，是台灣少數的水生木本植物之一。它的花朵綻放於5～7月間，圓球狀的花序加上淡淡的清香及引蝶功能，無疑是蜜源植物中的經典花卉。

不僅如此，風箱樹也是小單帶蛺蝶的食草之一，吸引蝶類的對象以蛺蝶科、斑蝶科及挵蝶科成員最多，其次是粉蝶、灰蝶、鳳蝶及蛇目蝶科等成員。這種美麗的水澤植物是瀕臨滅絕的物種，幸好繁殖栽培十分容易，值得大力推廣復育。

風箱樹與孔雀紋蛺蝶。

129

風箱樹與小紋青斑蝶。

繁星花

Pentas lanceolata ◆ 茜草科 **Rubiaceae**

繁星花也是典型的觀賞草花，尚無野生族群蔓延的現象，所以有它蹤影的地點也多半是人煙出沒之處。

至於繁星花的誘蝶功能如何，就由一趟苗栗之旅來揭曉吧！那是秋末的一日，我到友人家拜訪，在他家的庭園四周種植了不少的繁星花族群，才剛踏入花園中，便看見幾隻黃裳鳳蝶駐足於花間，麝香鳳蝶及紅紋鳳蝶也接踵而至。

整個上午至少有百餘隻鳳蝶、粉蝶、斑蝶、蛺蝶、小灰蝶及挵蝶科成員造訪花間，場景熱鬧非凡，可見繁星花的蜜汁對蝴蝶是多麼具有吸引力。不過這種植物不適宜潮濕的環境，容易感染病毒死亡，所以栽培時宜需特別注意。

繁星花與黃裳鳳蝶。

繁星花與大琉璃紋鳳蝶。

仙丹花
Ixora coccinea

茜草科 **Rubiaceae**

在觀賞植物的世界中，仙丹花算是花朵豔麗的種類，它那喜氣洋洋的鮮紅色彩，頗受一般民眾的喜愛，也因此廣泛栽培於私人庭園、校園及公園裡，而且用作圍籬的效果出奇的好。

雖然它的花序形態大型又顯眼，但是每一朵小花的構造卻為長筒狀，所以會遊訪花間的蝶類多為鳳蝶科、粉蝶及挵蝶科的成員。

現在花卉市場上販賣的仙丹花至少有好幾種改良的品系，花色有紅有黃，植物體大小也由迷你到小灌木，但是若要誘集則以未經改良的仙丹花較為理想。

仙丹花與大鳳蝶。

仙丹花與大鳳蝶。

槭葉牽牛

Ipomoea cairica ◆ 旋花科 Convolvulaceae ◆

台灣的低平原環境裡，到處都有槭葉牽牛的蹤影，是一種常見的野生牽牛花。台灣戶外所能見到的牽牛花屬植物，少說也有二十餘種，花形花色的展現也各有獨具的美姿，但是論及誘蝶的功能，槭葉牽牛絕對是首屈一指。

在蘭嶼地區經常有珠光鳳蝶蒞臨花間，而台灣的低海拔山區則以端紅蝶及大鳳蝶是最為頻繁的造訪者。至於挵蝶科成員的黑挵蝶與黑紋挵蝶，對於它那甜美的汁液更是十分熱衷。

槭葉牽牛與黑挵蝶。

槭葉牽牛與黑紋挵蝶

冷飯藤

Tournefortia sarmentosa ◆ 紫草科 **Boraginaceae** ◆

　紫草科植物當中有兩種不錯的蜜源植物，那就是白水木及冷飯藤。因為這種植物的自然分佈，侷限於台灣南端的沿海地帶，所以除非專程找尋，否則不容易看到。

　2007年春季前往恆春半島調查淡水魚蝦資源，才在九棚地區的海岸林緣邊無意間找到冷飯藤的蹤影，而且剛好正值花季，有為數眾多的斑蝶科成員嬉遊於花叢間，這才清楚明瞭此種植物的魅力。

　冷飯藤正如其名，是一種蔓藤狀的矮小灌木，花期集中於1～5月間，是當地斑蝶、粉蝶、蛺蝶、小灰蝶及挵蝶科成員喜愛遊訪的蜜源植物之一。

冷飯藤與琉球青斑蝶。

冷飯藤與姬小紋青斑蝶。

大青

Clerodendrum cyrtophyllum 　馬鞭草科 **Verbenaceae**

　　幾乎只要是馬鞭草科植物，它們花朵的綻放多少都能吸引蝶類的親臨造訪，理所當然大青也不例外。一般來說，大青算是長得不高大的灌木類植物，花朵盛開於夏季，族群全台普遍分佈，主要見於低海拔山區。

　　會遊訪大青花朵間的蝶類五花八門，常以鳳蝶、粉蝶、蛺蝶、斑蝶、小灰蝶及挵蝶類的成員為主，其他像是蛇目蝶及小灰蛺蝶亦有訪花的紀錄。

大青與黑挵蝶。

大青的白色花朵。

海州常山

Clerodendrum trichotomum ◆ 馬鞭草科 **Verbenaceae** ◆

假如想要找尋中海拔蝶類進行生態攝影，筆者要特別推薦海州常山。它的花朵在6~8月間綻放，是雙環鳳蝶、曙鳳蝶、麻斑粉蝶、大白裙挵蝶及黃紋挵蝶最為喜愛的蜜源植物之一。說得更明白些，應該是所有喜愛訪花蝶類熱戀的蜜源植物才對。

夏末之後平地及南部地區的海州常山陸續綻放花朵，尤其在恆春半島更是全年都有植株花開的紀錄。也因此，每每冬季前往墾丁地區，總能在海州常山的花叢間欣賞到黃裳鳳蝶、大紅紋鳳蝶或綠斑鳳蝶嬉戲花間的曼妙畫面。

海州常山與雙環鳳蝶。

海州常山與大鳳蝶。

馬纓丹

Lantana camara ◈ 馬鞭草科 **Verbenaceae** ◈

　　在所有的蜜源植物中，馬纓丹應該算是在園藝造景上最為廣泛利用的一種觀賞植物，主要是因為它的花色展現是其他陽性蜜源植物所望塵莫及的，由潔白、鮮黃、橙紫到豔紅都有，而且全年綻放無休。

　　除此之外，馬纓丹的生命力強韌，繁殖又容易，族群也就自然蔓延開來，蹤影遍及台灣各處的平原至山區地帶。它的花叢間經常吸引鳳蝶、粉蝶、斑蝶、蛺蝶、小灰蝶及挵蝶科的成員蒞臨造訪，同時尚未綻放的花部器官，也是迷你小灰蝶幼蟲的食物來源之一。

馬纓丹與樺斑蝶。

馬纓丹與台灣黃斑蛺蝶

小葉馬纓丹

Lantana montevidensis

◈ 馬鞭草科 **Verbenaceae** ◈

如果光從花朵想要辨識小葉馬纓丹與馬纓丹之間的不同，實在強人所難，但是由植株形態相互比較，則可以馬上見真章。畢竟小葉馬纓丹的形態屬於匍匐蔓延，而且葉片小型許多，才有「小葉馬纓丹」或「匍匐馬纓丹」之稱。

這種匍匐型的馬纓丹類，是比較晚期運用在園藝造景上，花色以帶有紫色味道的粉紅花朵為主，在引蝶的能力上與馬纓丹平分秋色，同樣受到鳳蝶、粉蝶、弄蝶、蛇目蝶、蛺蝶、小灰蝶及挵蝶科等不同成員的青睞。

小葉馬纓丹與黑挵蝶。

小葉馬纓丹與黑紋挵蝶。

臭娘子
Premna serratifolia

馬鞭草科 **Verbenaceae**

該怎麼形容臭娘子的魅力呢？這麼說好了，幾乎沒有一種喜愛訪花的蝶類，可以逃離它的魔掌。

幾十年來老家庭園前的臭娘子每年6~9月花開時，頂端的花叢間總看得到各類昆蟲嬉遊的熱鬧景象。像是水青粉蝶、孔雀蛺蝶、雌紅紫蛺蝶及淡黃蝶等，都是經常蒞臨的常客。

如果將場景轉移到北濱公路的和美地段，仲夏日的花期必定有大量的蘭嶼粉蝶及黑點大白斑蝶親臨現場。然後再將畫面帶到苗栗的造橋地區，當地的恆春小灰蝶及凹翅紫小灰蝶，迷戀臭娘子花叢的程度，足以媲美光葉水菊與斑蝶類之間的親密關係。

臭娘子與凹翅紫小灰蝶。

臭娘子與水青粉蝶

長穗木
Stachytarhetab jamaicensis 　馬鞭草科 **Verbenaceae**

　不管長穗木是否具有引蝶的功能，它確實是一種充滿熱帶氣息的植物，相當討人喜愛。然而事實也印證它的魅力，只要前往南部鄉野的自然環境走走，便能清楚明白箇中道理，不時可以看見大型鳳蝶、粉蝶、斑蝶、蛺蝶或袖珍型的挵蝶、小灰蝶等不同科別的成員，流連於長穗木花間的動人景致。

　這種植物為多年生的矮小灌木，花期全年綻放，目前只有在中部以南及東部地區較為常見，宜蘭、台北及桃園等三縣市比較難看到野生族群。但是在蘭嶼及綠島地區，長穗木可說是珠光鳳蝶及黃裳鳳蝶重要的蜜源植物，也是這兩座離島多數訪花蝶類的蜜源供應者之一。

長穗木與琉璃帶鳳蝶。

長穗木與珠光鳳蝶。

金露花

Duranta repens ❁ 馬鞭草科 **Verbenaceae** ❁

　　求學時期唯一的逃學經驗都是因為金露花惹的禍。記得那是國二發生的事，約了鄰居同學將書包藏匿在即將收割的稻田中，換了便裝便直衝員山鄉的大礁溪。當時由壯圍騎腳踏車到大礁溪少說也要兩個小時，而且路程多為石礫路面。

　　那時在小學老師家看見一隻烏鴉鳳蝶的陰陽蝶，那隻蝴蝶就是在大礁溪的金露花間採獲的，無論如何我也想要擁有陰陽蝶的珍貴標本，便擬定了這趟逃學計劃。

　　金露花來自於南美洲，早已歸化台灣各地，花期全年綻放，從大礁溪的山腳下直至半山腰的農家旁都有它的蹤影。我們主要的目標便鎖定在沿途金露花的花叢間，造訪的彩蝶種類可說是五花八門，數量更是多的數不清，包含各類鳳蝶、粉蝶、斑蝶、蛺蝶、小灰蝶及挵蝶科等成員。

　　現在回想起來，依舊記得當時採獲大琉璃紋鳳蝶、台灣麝香鳳蝶、青帶鳳蝶、端紅蝶及恆春小灰蝶的愉悅心情。雖然當天還是沒有能夠發現陰陽蝶的蹤影，事後行蹤也敗露，難逃老師與家長的嚴厲處罰，但是當時就是無法擺脫探詢蝶類生態的求知慾望，自此更是沉迷其間，也才擁有現在的豐富知識，或許都要歸功於金露花對於彩蝶的吸引魅力。

金露花與大琉璃紋鳳蝶。

金露花與黑點大白斑蝶。

裂葉美人櫻

Verbena tenera ❖ 馬鞭草科 **Verbenaceae** ❖

在觀賞植物的世界中，馬鞭草科的草本成員似乎種類並不多，台灣普遍可見的種類，大概就只有美人櫻及裂葉美人櫻兩者皆原產於中南美洲。

裂葉美人櫻屬於草花類植物，花期全年全放，所以還不難在各地的公園、校園或近郊遊憩場所看到大面積的栽培。它的花朵受蝶類青睞的程度，就如同小葉馬纓丹那樣，以中小型蝶類為主。

裂葉美人櫻與白鐮紋蛺蝶。

美人櫻與紋白蝶。

海埔姜

Vitex rotundifolia　　　馬鞭草科 **Verbenaceae**

　　多年前龜山島尚未開放前，曾與省立博物館的工作人員前往島上勘查動植物生態。當時印象最為深刻的是，在島上的沿岸生長許多海埔姜族群，六月正盛開著美麗的紫色花朵，並有鳳蝶、青斑鳳蝶、蘭嶼粉蝶、熱帶紅挵蝶及黑紋挵蝶等彩蝶陸續造訪其間。

　　爾後只要前往濱海地區，便會特別注意海埔姜的蹤跡，它為匍匐性灌木，族群普遍見於台灣各處的沿海地帶，尤其以石礫或珊瑚礁地形最為常見，花期幾乎全年綻放。

海埔姜與熱帶紅挵蝶。

海埔姜與柑橘鳳蝶

九層塔

Ocimum basilicum 　　唇形花科 **Labiatae**

　　在蔬菜的世界中，九層塔算是知名的香菜植物，它那特殊的氣味總有人特別的偏好或厭惡，筆者屬於強烈喜歡的類型，所以家人總會在庭院旁種植幾株九層塔，隨時可供採摘食用。

　　每年到了夏季，它們便會綻放潔白的花朵，而生活於家園附近的荷氏黃蝶、孔雀蛺蝶及姬單帶弄蝶，便會不約而同地造訪花間。由此可知，九層塔不僅是著名的調理植物、香草植物，更是蝶類優良的蜜源植物，而且兼具了食用、美觀及生態價值於一身的優良蔬菜。

九層塔與荷氏黃蝶。

九層塔與荷氏黃蝶。

野薄荷
Orthosiphon aristatus ◆ 唇形花科 **Labiatae** ◆

　　台灣海拔標高三千公尺以上的山頭超過百餘座，分佈當地的植物及蝶類，理所當然皆屬於溫帶性物種，而野薄荷便是高地山岳頂上的常見植物之一。

　　當然一般人要前往台灣百岳欣賞溫帶蝶類遊訪花間的優雅景致，談何容易，光想到重裝的長途跋涉，便萌起退卻的心態，還好至少尚有一座百岳，可借助車子代步便能抵達，那就是「合歡山」。

　　在合歡山區的路旁、草坡地或疏林下，我們很容易便能見到野薄荷的身影，花期由五月開始直至秋季的十一月間不斷地綻放，所以像永澤蛇目蝶、玉山蔭蝶或是小紅點粉蝶等高山蝶類，都是它們花叢間最常蒞臨的佳客。

野薄荷與永澤蛇目蝶。

野薄荷與永澤蛇目蝶

到地蜈蚣

Torenia concolors 　　玄參科 Scrophularia

在台灣低海拔山區的向陽坡地、林下或道路旁，我們總會在草叢中見到一種花開大型、色彩亮紫的匍匐性植物，它就是本文的主角「倒地蜈蚣」。它的花期幾乎全年綻放，但以5~11月間最為頻繁，是山林裡亮麗、顯眼的美麗野花之一。

因為花形及生長環境的關係，倒地蜈蚣的花叢似乎只受到小型蝶類的青睞，經常造訪的蝶類通常以挵蝶科成員為主，尤其以黑挵蝶更是特別熱衷。

倒地蜈蚣與黑挵蝶。

倒地蜈蚣與黑挵蝶。

翠蘆莉

Ruellia squarrosa 🦋 爵床科 **Acanthaceae**

翠蘆莉是一種比較晚期引進台灣的觀賞植物，它的花朵深紫，在草花植物世界中算是中大型的種類，而且能夠全年群花綻放，創造出熱鬧非凡的景致，再加上生長範圍廣泛，由濕地環境乃至乾旱地皆能適應，所以廣受歡迎。

不過因為花型的關係，一般來說沒有多少蝶類會造訪其花朵，目前記錄有紅肩粉蝶、台灣粉蝶、黑挵蝶或其他中小型粉蝶、小灰蝶及挵蝶科成員等。

翠蘆莉與台灣黃蝶。

翠蘆莉與紅肩粉蝶。

冇骨消
Sambucus chinensis ✽ 忍冬科 **Caprifoliaceae** ✽

　雖然冇骨消的族群全台山區普遍可見，但是倘若以蝶況來說，中高海拔造訪的成員數量，往往比低平原地區來的熱絡些，這可由中橫梨山至合歡山一帶的蝶況得到證明。

　仲夏日來臨時，梨山一帶中海拔山區的冇骨消族群便會陸續綻放，而分佈當地的大紅紋鳳蝶、曙鳳蝶、雙環鳳蝶、高山粉蝶、小紅點粉蝶及麻斑粉蝶等中大型蝶類，也跟隨著花季羽化活動並造訪其間，其中又以大紅紋鳳蝶與曙鳳蝶的族群數量最為龐大，群蝶戲遊花間的畫面，也就成為中橫地區最為獨特的生態奇景了。

冇骨消與台灣白紋鳳蝶。

冇骨消與大紅紋鳳蝶

藿香薊
Ageratum conyzoides ❖ 菊科 **Compositae** ❖

　　台灣的野地裡，到處都有紫花藿香薊及藿香薊的蹤影，它們是來自美洲地區的歸化植物；前者綻放紫花，後者則是盛開白花。這一類植物能夠散發出一股淡淡的清香，不過受到蝶類青睞的程度，卻不是那麼理想，除了經常見到斑蝶科成員的蒞臨外，其他蝶類似乎難得看到遊訪花間。

　　一般來說，藿香薊的花朵全年綻放，主要見於中海拔以下山區至平原地帶，只要是開闊的陽性環境都可以生長良好。一年四季當中，以秋天開放的藿香薊花朵較受斑蝶歡迎。

藿香薊與孔雀青蛺蝶。

藿香薊與端紫斑蝶。

大花咸豐草

Bidens pilosa var. *radiate* ◆ 菊科**Compositae** ◆

　　鬼針草屬的植物在台灣至少記錄有7種，其中亦包含兩種濕地生的大狼把草及狼把草在內。大花咸豐草與小白花鬼針草都是白花鬼針草的變種，彼此形態相近，對於引蝶的功能也是一致的。

　　目前以族群數量來說，大花咸豐草的族群蔓延最為強勢，其次分別是白花鬼針草與小白花鬼針草。它們的花朵是各種鳳蝶、粉蝶、斑蝶、蛇目蝶、蛺蝶、小灰蝶及挵蝶科成員經常造訪的對象，目前至少有數十種蝶類會蒞臨花間訪花的記錄。

大花咸豐草與台灣黃斑挵蝶。

大花咸豐草與黃三線蝶。

大頭艾納香

Blumea riparia var. *megacephala* ◆ 菊科 **Compositae**

　　菊科植物中讓大多數蝶類喜愛的種類屈指可數，而大頭艾納香可說是極少數的例外之一。這種植物屬於攀緣性灌木，花期於夏季展開，全台的低海拔山區普遍可見。

　　記得有一次前往新竹北埔調查蝶類資源時，看到花朵盛開的大頭艾納香植物體上，停滿了各類彩蝶，如琉球青斑蝶、台灣粉蝶、台灣波紋蛇目蝶、紅挾蝶、恆春小灰蝶及竹紅挵蝶等，那真是讓人感動的一幕。大頭艾納香可說是菊科成員當中經典的蜜源植物。

大頭艾納香與琉球青斑蝶。

大頭艾納香與群蝶的景致

鱗毛薊

Cirsium ferum　　◆ 菊科Compositae ◆

　喜愛蝶類又到過北溫帶國家的朋友，一在當地的山野裡看過小薊的花朵停棲著豹斑蝶、深山粉蝶或小紅點粉蝶的倩影牠們專注訪花的鮮明畫面，讓人記憶深。

　台灣也有許多小薊屬植物的分佈，而鱗薊算是比較廣泛分佈的一種，而且族群遍見於台灣各處的山林環境中。當然，台灣的中海拔地區也有機會見到綠豹斑、深山粉蝶或小紅點粉蝶遊訪鱗毛薊花的曼妙鏡頭，只是時間的安排需要配合宜，每年的5月中旬至6月中旬間，是最適宜的季節。

　一般我們在北濱公路沿途的海岸地區所到的種類則是南國小薊，族群一樣受到類的青睞，尤其是黑點大白斑蝶與它的係更是親密。

鱗毛薊與深山粉蝶。

南國小薊與黑點大白斑蝶。

大波斯菊
Cosmos bipinnatus

菊科 **Compositae**

在中部的梨山一帶，溫帶果園四佈。在農家旁或是福壽山農場沿途，可以看見不少的大波斯菊族群已於當地野生馴化，每年到了仲夏日，總會綻放出繽紛色彩的花朵。

此時許多生活於附近的姬紅蛺蝶、孔雀青蛺蝶、小紅點粉蝶或是挵蝶科成員熱愛蒞臨其間，大波斯菊的柔和之美與精巧斑紋彩蝶的搭配，簡直是美不勝收，令人感動不已。

大波斯菊與姬紅蛺蝶。

大波斯菊與小紅點粉蝶。

大理菊

Dahlia merckii ◆ 菊科 **Compositae** ◆

　　來自於中美洲墨西哥的大理菊是一種宿根性植物，其花朵大型又美麗，是園藝市場上最廣為栽培的花卉植物之一。孩提時代庭園前的花圃裡，也少不了它的倩影，不過印象中好像沒有什麼蝶類喜愛遊訪其花朵間。

　　不過來到中海拔地區的梨山時，大理菊是路旁普遍可見的栽培植物之一，像曙鳳蝶、大紅紋鳳蝶、小紅點粉蝶或是姬紅蛺蝶等便經常蒞臨了。

大理菊與曙鳳蝶。

理菊與姬紅蛺蝶。

台灣澤蘭

Eupatorium cannabinum ◆ 菊科 **Compositae** ◆

蕭瑟的秋季似乎是繁花凋零的季節，在北方國家或台灣的中高海拔山區或許如此，但是此時的低海拔山區正是台灣澤蘭展開笑顏的開端。

這種菊科成員是台灣山野裡最為常見的植物之一，主要吸引對象為蛺蝶科、斑蝶科及小灰蝶科成員，當然偶爾亦會有鳳蝶科、粉蝶科、蛇目蝶科及挵蝶科成員的蒞臨造訪。

記得每年到了入秋的季節，特別喜歡前往台北雙溪的太平村尋蝶攝影，當地的產業道路兩旁，總有成片的台灣澤蘭綻放花朵，還不時有黑端豹斑蝶、石牆蝶、黃三線蝶、小紋青斑蝶及墾丁小灰蝶等中小型蝶類蒞臨花叢，令人動容。

台灣澤蘭與玉山蔭蝶。

154

台灣澤蘭與墾丁小灰蝶。

田代氏澤蘭
Eupatorium clematideum　　菊科 **Compositae**

菊科的澤蘭屬植物在台灣至少分佈有8種，而且都是蝶類喜愛的蜜源植物。但是因為彼此的長相近似，同時引誘蝶種的功能也完全相同，因此才選擇其中直立生長的台灣澤蘭及攀緣性的田代氏澤蘭，做為代表性種類介紹。

田代氏澤蘭是山野裡十分常見的植物，經常生長在公路旁的山壁上，植物體往下垂吊，每當6~8月開花時，總會吸引許多斑蝶科成員蒞臨造訪。著名的景觀是於陽明山國家公園的大屯山區，一群又一群的青斑蝶、端紫斑蝶或姬小紋青斑蝶，共同遊訪田代氏澤蘭花間的壯麗景致，確實令人感動。

田代氏澤蘭與端紫斑蝶。

田代氏澤蘭與琉球青斑蝶。

光葉水菊

Gymnocoronis spilanthoides 　菊科 **Compositae**

什麼樣的花朵具有致命的吸引力，光葉水菊就是其中的最佳代表。這種菊科成員為水生植物的一種，原產於中南美洲，目前不普遍歸化於全台的水澤環境。

幾乎整個夏秋兩季都是光葉水菊綻放花朵的季節，只要附近有斑蝶科成員出沒的話，蝶隻便會像著魔似地飛臨於光葉水菊的花叢間，而且久久不肯離去。這種蝶戀花的魔力，就如同酒鬼無法脫離酒精一樣，豔陽天如此，陰雨天也不例外，甚至大雷雨時訪花中的蝶隻也不會離去，著迷的程度堪稱是自然界的一大奇觀。

光葉水菊與樺斑蝶及黑脈樺斑蝶。

光葉水菊與端紫斑蝶

白鳳菜

Gynura divaricata subsp. *formosana* 菊科 **Compositae**

有一次春末前往宜蘭南方澳海邊的卵石沙灘散步，恰好緊鄰一旁的峭壁上，點綴著一朵朵橘紅色酷似紅鳳菜的菊科植物，還有無數的各類斑蝶科成員駐足於間，場景熱鬧非凡。回到家中馬上查詢這種深受斑蝶科成員喜愛的菊科植物為何方神聖，答案便是「白鳳菜」。

爾後只要前往濱海環境便會特別注意白鳳菜的蹤影，其族群在全台沿海地區普遍可見，尤其以台北、宜蘭、花東至恆春半島最為常見。

白鳳菜與琉球青斑蝶。

白鳳菜與淡紋青斑蝶。

貓兒菊

Hypocharis radicata 　菊科 **Compositae**

　　貓兒菊是屬於中海拔山區的陽性植物，所以當我們前往中橫梨山、思源、環山、松崗、合歡溪或大禹嶺等海拔超過1700公尺以上的地區時，總可以在公路兩旁的坡地、草生地上或果園中，看到貓兒菊成群生長，並且有繁花盛開的美麗景致。

　　熱衷流連於貓兒菊花間的蝶類，以鳳蝶科、粉蝶科、斑蝶科、蛺蝶科及挵蝶科成員為主，小灰蝶及蛇目蝶的成員則較少有造訪的紀錄。

貓兒菊與玉帶鳳蝶。

貓兒菊。

蔓澤蘭

Mikania cordata ❋ 菊科 **Compositae** ❋

蔓澤蘭是一種攀緣性很強的菊科植物，並不討人喜愛，但是2007年3月的一趟恆春半島之行，改變了我對它的看法。記得那是一次探詢淡水魚蝦之旅，選擇的目的地為鹿寮溪及港口溪流域，而這兩個地點的溪畔邊及路旁便生長著許多蔓澤蘭族群。

當時我看見至少有十幾種蝶類遊訪花間，如青斑鳳蝶、斑粉蝶、尖翅粉蝶、紋白蝶、台灣粉蝶、小紫斑蝶、台灣波紋蛇目蝶、台灣黃斑蛺蝶、黑擬蛺蝶、蛇紋擬蛺蝶、琉球三線蝶、波紋小灰蝶、角里波紋小灰蝶、紅邊黃小灰蝶及單帶弄蝶等。所以說野地裡生長的蔓澤蘭還是有相當的貢獻，至於它的生態行為如何，都是我們人類給予的評價，不過至少它的花蜜可以餵飽無數的蝶類。

蔓澤蘭與青斑鳳蝶。

蔓澤蘭與尖翅粉蝶。

玉山黃菀

Senecio morrisonensis　　菊科 **Compositae**

基本上黃菀屬的成員都屬於高地分佈的植物，海拔多介於1000～3800公尺之間。以中部合歡山來說，玉山黃菀的花期自5月開始延續至11月份方才結束，所以漫長的花期提供了蝴蝶良好的食物來源，讓生活於高山地區的蝶類得以生存下來。

在合歡山一帶的山區裡棲息著數種特有的高山蝶類，像玉山蔭蝶及永澤蛇目蝶等，牠們便是玉山黃菀花叢間的常客。其他各類小灰蝶、挵蝶、粉蝶、斑蝶及蛺蝶科成員，亦與它有著密不可分的關係。

玉山黃菀與淡青雀斑小灰蝶。

玉山黃菀與高大星褐挵蝶。

長柄菊

Tridax procumbens　　◆ 菊科 **Compositae** ◆

對於長柄菊的認識是在蘭嶼的朗島村。幾乎只要抵達朗島村，便能發現黃裙粉蝶鮮明俏麗的身影，穿梭在林緣邊尋找蜜源吸食的活潑模樣，而長柄菊的花叢便少不了牠的倩影。當地其他小灰蝶、挵蝶及蛺蝶科成員，也同樣喜愛遊訪花叢間。

不僅僅如此，長柄菊是一種廣泛分佈於全台沿海地帶的菊科植物，十分常見，牠的花蜜特別受到小型蝶類的青睞，算是不錯的歸化植物。

長柄菊與黃裙粉蝶。

長柄菊與沖繩小灰蝶。

雙花蟛蜞菊

Wedelia biflora　　菊科 **Compositae**

有一年秋天前往綠島，在離港口不遠處有個迴彎點，那裡的臨海路旁生長著許多雙花蟛蜞菊。當時騎乘機車經過，看見花叢間有許多彩蝶，而最讓人驚訝的是，其中還包括十餘隻八重山紫蛺蝶。

同時也看到尖翅粉蝶、紅紋鳳蝶及其他小灰蝶與挵蝶科成員混雜其間，當然天空不時還有黃裳鳳蝶及綠島大白斑蝶的身影經過，但蝶隻就是不願光臨，或許牠們對於雙花蟛蜞菊的蜜源不是那麼喜好。

雙花蟛蜞菊為攀緣性的亞灌木狀植物，而近緣的蟛蜞菊則是地生匍匐的種類，所以並不難區分。族群主要見於全台的沿海地帶，十分普遍常見。

雙花蟛蜞菊與八重山紫蛺蝶。

162

雙花蟛蜞菊與石牆

南美蟛蜞菊

Wedelia trilobata　　✤ 菊科 **Compositae** ✤

　　南美蟛蜞菊原產於中南美洲，目前大量運用於河堤或道路花壇的美化。這種植物的生命力旺盛，花開四季，經常造訪其間的蝶類以蛺蝶、蛇目蝶、小灰蝶及弄蝶科成員為主。

　　台灣野外常見的蟛蜞菊，與南美蟛蜞菊的形態十分接近，一般而言，南美蟛蜞菊的葉片具有光澤，而台灣野生的蟛蜞菊則無此特徵。不過就引蝶功能而言，雙花蟛蜞菊較為理想，其次才是蟛蜞菊與南美蟛蜞菊。

南美蟛蜞菊與雌紅紫蛺蝶。

南美蟛蜞菊與黑端豹斑蝶。

百日草
Zinnia elegans　菊科 Compositae

比起台灣的野生菊科植物來說，原產於中美洲墨西哥的百日草，確實有著令人刮目相看的鮮麗色彩。也正因為它的形態討人喜愛，所以在世界的花卉市場上普遍栽培。它為一年生植物，花期卻長達3～4個月，也因此才有「百日草」之稱。

百日草的花朵既亮麗又顯眼，所以不管是任何不起眼的蝶類造訪其間，皆能展現無與倫比的精緻畫面，是攝影取材的絕佳對象。一般來說，喜愛遊訪花間的蝶類，以鳳蝶及挵蝶科成員為主，其次才是蛺蝶、小灰蝶、粉蝶、斑蝶及蛇目蝶。

百日草與小紋褐挵蝶。

百日草與大鳳蝶。

射 干

Belamcanda chinensis ◆ 鳶尾科 **Iridaceae** ◆

一般我們所認識的蝶類蜜源植物大多屬於雙子葉植物類群，能夠受到蝶類青睞的單子葉植物成員，可說是寥寥無幾，目前記錄有沖繩小灰蝶遊訪於大葉穀精草，台灣棋石小灰蝶蒞臨於禾本科植物，香蕉挵蝶吸食香蕉花朵，阿里山黑挵蝶駐足於月桃屬植物，以及鳳蝶遊訪射干花叢間等。

射干是台灣少數分佈的鳶尾科植物之一，野生族群並不常見，但因為射干的花朵鮮明亮麗，具有高度的觀賞價值，同時可以治療某些疾病，所以栽培頗為普遍。一般而言，喜愛親訪花間的蝶類成員以鳳蝶科及挵蝶科成員為主。

射干與柑橘鳳蝶。

射干與柑橘鳳蝶。

台灣蝴蝶
生態大圖鑑

A Field Guide To Food Plants For Butterflies In Taiwan

Taiwan

FOOD PLANTS FOR BUTTERFLIES

鳳蝶科 Papilionida

黃裳鳳蝶
Troides aeacus formosanus

- ◆ **科別**：鳳蝶科 Papilionidae
- ◆ **展翅直徑**：約10～13公分
- ◆ **型態特徵**：雄蝶下翅佈滿黃紋，雌蝶大型，黃紋疏散。
- ◆ **成蝶習性**：愛訪花，雄蝶具領域性。
- ◆ **發生期**：全年可見
- ◆ **分佈**：全台一千公尺以下山區
- ◆ **族群評估**：不常見，恆春半島較多產
- ◆ **食草**：各種馬兜鈴
- ◆ **附加解說**：保育種蝶類
- ◆ **相關頁碼**：（下）12, 20

珠光鳳蝶
Troides magellanus sonani

- ◆ **科別**：鳳蝶科 Papilionidae
- ◆ **展翅直徑**：約10～13.5公分
- ◆ **型態特徵**：雌蝶大型，雄蝶下翅佈珠光澤黃紋。
- ◆ **成蝶習性**：愛訪花，雄蝶具領域性。
- ◆ **發生期**：全年可見
- ◆ **分佈**：僅見於蘭嶼
- ◆ **族群評估**：稀有
- ◆ **食草**：港口馬兜鈴
- ◆ **附加解說**：保育種蝶類
- ◆ **相關頁碼**：（下）20

曙鳳蝶
Atrophaneura horishana

- ◆ **科別**：鳳蝶科Papilionidae
- ◆ **展翅直徑**：約10.5～12.5公分
- ◆ **型態特徵**：雄蝶翅背黑色，腹部下翅桃紅色。
- ◆ **成蝶習性**：愛訪花，偶爾到濕地吸水。
- ◆ **發生期**：6～11月
- ◆ **分佈**：全台海拔1400公尺以上山區
- ◆ **族群評估**：常見
- ◆ **食草**：各種馬兜鈴
- ◆ **附加解說**：保育種蝶類，台灣特有種。
- ◆ **相關頁碼**：（下）12,16

大紅紋鳳蝶
Byasa polyeuctes termessus

◆ 科別：鳳蝶科Papilionidae
◆ 展翅直徑：約9.2～10公分
◆ 型態特徵：雄蝶白紋兩枚尾部有紅點。
◆ 成蝶習性：愛訪花，亦會到濕地吸水。
◆ 發生期：全年可見
◆ 分佈：全台平地至三千公尺山區
◆ 族群評估：常見
◆ 食草：各種馬兜鈴
◆ 附加解說：雌雄蝶體色略同
◆ 相關頁碼：（下）12,16,20

麝香鳳蝶
Byasa alcinous mansonensis

◆ 科別：鳳蝶科Papilionidae
◆ 展翅直徑：約7.2～8.5公分
◆ 型態特徵：下翅桃紅紋小型
◆ 成蝶習性：愛訪花，偶爾到濕地吸水。
◆ 發生期：全年可見
◆ 分佈：全台平地至三千公尺山區
◆ 族群評估：不常見
◆ 食草：各種馬兜鈴
◆ 附加解說：雄蝶黑，雌蝶褐灰色。
◆ 相關頁碼：（下）12,20

台灣麝香鳳蝶
Byasa impediens febanus

◆ 科別：鳳蝶科Papilionidae
◆ 展翅直徑：約7～8.5公分
◆ 型態特徵：下翅桃紅紋七枚，較大
◆ 成蝶習性：愛訪花，偶爾飛臨濕地吸水
◆ 發生期：全年可見
◆ 分佈：全島平地至三千公尺山區
◆ 族群評估：不常見
◆ 食草：各種馬兜鈴
◆ 附加解說：雌雄體色略同
◆ 相關頁碼：（下）12,16,20

紅紋鳳蝶
Pachliopta aristolochiae
- ◆科別：鳳蝶科 Papilionidae
- ◆展翅直徑：約7.2~8.2公分
- ◆型態特徵：腹面下翅紅紋七枚，尾部無紅點。
- ◆成蝶習性：愛訪花，亦會到濕地吸水。
- ◆發生期：全年可見
- ◆分佈：全台平地至一千公尺山區
- ◆族群評估：常見
- ◆食草：各種馬兜鈴
- ◆附加解說：雌雄蝶體色略同
- ◆相關頁碼：（下）12,20

木生鳳蝶
Pazala timur chungianus
- ◆科別：鳳蝶科Papilionidae
- ◆展翅直徑：約5.3~6.3公分
- ◆型態特徵：下翅黃紋連接，尾細長。
- ◆成蝶習性：愛訪花，亦會到濕地吸水。
- ◆發生期：3~5月
- ◆分佈：北部及東北部海拔300~1500公尺
- ◆族群評估：稀有
- ◆食草：青葉楠、樟樹、香楠
- ◆附加解說：雌雄蝶體色略同，蛹越冬，一年一世代。
- ◆相關頁碼：（上）244

升天鳳蝶
Pazala eurous asakurae
- ◆科別：鳳蝶科 Papilionidae
- ◆展翅直徑：約5.3~6.3公分
- ◆型態特徵：下翅黃紋有斷痕，尾細長
- ◆成蝶習性：愛訪花，亦會到濕地吸水
- ◆發生期：3~5月
- ◆分佈：全台海拔300~2800公尺
- ◆族群評估：稀有
- ◆食草：青葉楠、樟樹、香楠
- ◆附加解說：雌雄蝶體色略同，蛹越冬，一年一世代。
- ◆相關頁碼：（上）238,244

綠斑鳳蝶
Graphium agamemnon
◈ 科別：鳳蝶科Papilionidae
◈ 展翅直徑：約6.2~7.2公分
◈ 型態特徵：翅背佈滿綠斑
◈ 成蝶習性：愛訪花，亦會到濕地吸水。
◈ 分佈：全台平地至一千公尺山區
◈ 發生期：全年可見
◈ 族群評估：不常見
◈ 食草：玉蘭、烏心石
◈ 附加解說：雌雄體色略同，南部較多產。
◈ 相關頁碼：（上）200

寬青帶鳳蝶
Graphium cloanthus kuge
◈ 科別：鳳蝶科Papilionidae
◈ 展翅直徑：約4.8~5.5公分
◈ 型態特徵：帶狀斑紋水青色，有尾。
◈ 成蝶習性：愛訪花，亦會飛臨濕地吸水
◈ 發生期：3~10月
◈ 分佈：全台海拔100~2800公尺山區
◈ 族群評估：常見
◈ 食草：青葉楠、香楠
◈ 附加解說：雌雄蝶體色略同，蛹越冬。
◈ 相關頁碼：（上）238,242,244

青斑鳳蝶
Graphium doson postianus
◈ 科別：鳳蝶科Papilionidae
◈ 展翅直徑：約5.5~7.2公分
◈ 型態特徵：翅背佈滿青斑
◈ 成蝶習性：愛訪花，亦到濕地吸水。
◈ 發生期：3~11月
◈ 分佈：全台平地至三千公尺山區
◈ 族群評估：常見
◈ 食草：玉蘭、烏心石
◈ 附加解說：雌蝶體色偏黃
◈ 相關頁碼：（上）200

青帶鳳蝶
Graphium sarpedon connectens

- ◈ 科別：鳳蝶科 Papilionidae
- ◈ 展翅直徑：約4.8～5.5公分
- ◈ 型態特徵：帶狀斑紋青藍色，無尾。
- ◈ 成蝶習性：愛訪花，亦會到濕地吸水。
- ◈ 發生期：3～11月
- ◈ 分佈：全台平地至三千公尺山區
- ◈ 族群評估：常見
- ◈ 食草：樟樹、大葉楠
- ◈ 附加解說：雌雄蝶體色略同，蛹越冬。
- ◈ 相關頁碼：（上）238,242,244

斑鳳蝶
Chilasa agestor matsumurae

- ◈ 科別：鳳蝶科 Papilionidae
- ◈ 展翅直徑：約8～9.5公分
- ◈ 型態特徵：擬似青斑蝶，但本種下翅﹍ 緣密佈長毛。
- ◈ 成蝶習性：愛訪花，亦會到濕地吸水﹍
- ◈ 發生期：3～5月
- ◈ 分佈：全台海拔400～2800公尺山區
- ◈ 族群評估：常見
- ◈ 食草：土肉桂、紅楠
- ◈ 附加解說：雌雄蝶體色略同，一年一﹍ 代，蛹越冬。
- ◈ 相關頁碼：（上）242

黃星鳳蝶
Chilasa epycides melanoleucus

- ◈ 科別：鳳蝶科 Papilionidae
- ◈ 展翅直徑：約5.8～6.5公分
- ◈ 型態特徵：下翅內緣具一枚橙黃色小斑
- ◈ 成蝶習性：愛訪花，亦會到濕地吸水。
- ◈ 發生期：3～5月
- ◈ 分佈：全台平地至海拔2800公尺山區
- ◈ 族群評估：常見
- ◈ 食草：樟樹、山胡椒
- ◈ 附加解說：雌雄蝶體色略同，一年一 世代，蛹越冬。
- ◈ 相關頁碼：（上）238

寛尾鳳蝶

gehana maraho

- 科別：鳳蝶科 Papilionidae
- 展翅直徑：約10.2~12公分
- 型態特徵：下翅緣紅色，尾寬大，貫穿兩條翅脈。
- 成蝶習性：愛吸水，偶爾有訪花行為。
- 發生期：4~7月
- 分佈：中部以北地區，海拔500~2000公尺間。
- 族群評估：稀有
- 食草：台灣檫樹
- 附加解說：台灣國蝶、特有種及保育類。
- 相關頁碼：（上）273

無尾鳳蝶

Papilio demoleus libanius

- 科別：鳳蝶科 Papilionidae
- 展翅直徑：約7.2~8公分
- 型態特徵：體翅佈黃斑，雄蝶缸角有枚紅斑，無尾。
- 成蝶習性：愛訪花，亦會到濕地吸水。
- 發生期：全年
- 分佈：全台平地至六百公尺山區
- 族群評估：常見
- 食草：各種柑橘類植物、過山香
- 附加解說：雌雄蝶體色略同，平地性蝶類代表之一。
- 相關頁碼：（上）160,220

黃鳳蝶

apilio machoan sylvina

- 科別：鳳蝶科 Papilionidae
- 展翅直徑：約6~8公分
- 型態特徵：體翅鮮黃，雄蝶缸角有枚圓紅斑，有尾。
- 成蝶習性：愛訪花，偶爾到濕地吸水。
- 發生期：4~10月
- 分佈：東部、中南部海拔600~1500公尺
- 族群評估：稀有
- 食草：台灣前胡
- 附加解說：雌雄蝶體色略同，蛹越冬。
- 相關頁碼：（上）60

玉帶鳳蝶
Papilio polytes polytes

◆科別：鳳蝶科 Papilionidae
◆展翅直徑：約8～9.2公分
◆型態特徵：雄蝶下翅帶狀白紋七枚，尾。
◆成蝶習性：愛訪花，亦會到濕地吸水
◆發生期：全年
◆分佈：全台平地至兩千公尺山區
◆族群評估：常見
◆食草：各種柑橘類植物、雙面刺
◆附加解說：雌蝶擬態紅紋鳳蝶
◆相關頁碼：（上）160,220,290

無尾玉帶鳳蝶
Papilio alphenor

◆科別：鳳蝶科 Papilionidae
◆展翅直徑：約8～9.2公分
◆型態特徵：雄蝶下翅帶狀白紋七枚，無尾。
◆成蝶習性：愛訪花，亦會到濕地吸水。
◆發生期：全年
◆分佈：僅見於蘭嶼
◆族群評估：稀有
◆食草：各種柑橘類植物、食茱萸
◆附加解說：雌蝶擬態紅紋鳳蝶，區分有尾及無尾兩型。
◆相關頁碼：（上）220,290

柑橘鳳蝶
Papilio xuthus

◆科別：鳳蝶科 Papilionidae
◆展翅直徑：約8～8.5公分
◆型態特徵：體翅佈黃斑，雌蝶缸角有紅斑，有尾。
◆成蝶習性：愛訪花，亦會到濕地吸水
◆發生期：全年
◆分佈：全台平地至兩千公尺山區
◆族群評估：常見
◆食草：各種柑橘類植物、賊仔樹
◆附加解說：雌雄蝶體色略同
◆相關頁碼：（上）160,220,286,290

黑鳳蝶

Papilio protenor

◆ 科別：鳳蝶科 Papilionidae
◆ 展翅直徑：約7.8～9公分
◆ 型態特徵：雄蝶後翅上緣有條白色橫紋，
　　　　　　體黑色。
◆ 成蝶習性：愛訪花，亦會飛臨濕地吸水。
◆ 發生期：全年
◆ 分佈：全台平地至兩千五百公尺山區
◆ 族群評估：常見
◆ 食草：各類柑橘屬植物、食茱萸
◆ 附加解說：雌雄蝶體色略同
◆ 相關頁碼：（上）160,220,286,290

白紋鳳蝶

Papilio helenus fortunius

◆ 科別：鳳蝶科 Papilionidae
◆ 展翅直徑：約8.5～9公分
◆ 型態特徵：雄蝶下翅白紋三枚，有尾。
◆ 成蝶習性：愛訪花，亦會到濕地吸水。
◆ 發生期：3～11月
◆ 分佈：全台海拔100～2000公尺山區
◆ 族群評估：常見
◆ 食草：賊仔樹
◆ 族群評估：雌雄蝶體色略同
◆ 相關頁碼：（上）286,290（下）56

台灣白紋鳳蝶

Papilio nephelus chaonulus

◆ 科別：鳳蝶科 Papilionidae
◆ 展翅直徑：約9.5～10.5公分
◆ 型態特徵：雄蝶下翅白紋五枚，有尾。
◆ 成蝶習性：愛訪花，亦會到濕地吸水。
◆ 發生期：3～11月
◆ 分佈：全台海拔100～2000公尺山區
◆ 族群評估：常見
◆ 食草：賊仔樹
◆ 族群評估：雌雄蝶體色略同
◆ 相關頁碼：（上）286,290（下）56

無尾白紋鳳蝶
Papilio castor formosanus

◆ 科別：鳳蝶科 Papilionidae
◆ 展翅直徑：約7.5～9公分
◆ 型態特徵：雄蝶下翅白紋四枚，無尾。
◆ 成蝶習性：愛訪花，亦會到濕地吸水。
◆ 發生期：全年
◆ 分佈：全台海拔100～1500公尺山區
◆ 族群評估：常見
◆ 食草：石苓舅、過山香
◆ 族群評估：雌雄蝶體色略同，但雌蝶略
　　　　　　為淡褐。
◆ 相關頁碼：（上）158

烏鴉鳳蝶
Papilio bianor thrasymedes

◆ 科別：鳳蝶科 Papilionidae
◆ 展翅直徑：約8.5～9.5公分
◆ 型態特徵：背部後翅邊緣有紅色弦月紋
　　　　　　，尾較細。
◆ 成蝶習性：愛訪花，亦會到濕地吸水
◆ 發生期：3～11月
◆ 分佈：全台平地至海拔三千公尺山區
◆ 族群評估：常見
◆ 食草：賊仔樹、食茱萸
◆ 附加解說：雌雄蝶體色略同，但雌蝶紅
　　　　　　色弦月紋明顯。
◆ 相關頁碼：（上）220,286,290

大鳳蝶
Papilio memnon heronus

◆ 科別：鳳蝶科 Papilionidae
◆ 展翅直徑：約9～12公分
◆ 型態特徵：雄蝶黑色，雌蝶下翅佈白紋。
◆ 成蝶習性：愛訪花，亦會飛臨濕地吸水。
◆ 發生期：全年
◆ 分佈：全台平地至兩千公尺山區
◆ 族群評估：常見
◆ 食草：各類柑橘屬植物、食茱萸
◆ 附加解說：雌蝶區分成有尾及無尾型
◆ 相關頁碼：（上）220

台灣鳳蝶

Papilio thaiwanus

◆ 科別：鳳蝶科 Papilionidae
◆ 展翅直徑：約7.5~9.5公分
◆ 型態特徵：雄蝶背黑，下翅腹面佈紅斑。
◆ 成蝶習性：愛訪花，亦會飛臨濕地吸水。
◆ 發生期：3~11月
◆ 分佈：全台海拔100~2800公尺山區
◆ 族群評估：常見
◆ 食草：食茱萸、賊仔樹
◆ 附加解說：台灣特有蝶類，雌蝶下翅白紋
　　　　　　兩枚。
◆ 相關頁碼：（上）238（下）56

琉璃帶鳳蝶

Papilio bianor kotoensis

◆ 科別：鳳蝶科 Papilionidae
◆ 展翅直徑：約9~10公分
◆ 型態特徵：背部後翅藍或綠帶亮麗
◆ 成蝶習性：愛訪花，亦會到濕地吸水。
◆ 發生期：全年
◆ 分佈：僅見於蘭嶼
◆ 族群評估：常見
◆ 食草：食茱萸
◆ 附加解說：雌雄蝶體色略同，但雌蝶後
　　　　　　翅紅弦月紋顯著。
◆ 相關頁碼：（上）290

台灣烏鴉鳳蝶

Papilio dialis tatsuta

科別：鳳蝶科 Papilionidae
展翅直徑：約8.5~10公分
型態特徵：背部後翅邊緣無紅色弦月紋
　　　　　，尾較寬短。
成蝶習性：愛訪花，亦會到濕地吸水。
發生期：3~11月
分佈：全台海拔100~2500公尺山區
族群評估：常見
食草：賊仔樹、食茱萸
附加解說：雌雄蝶體色略同，數量遠少
　　　　　於烏鴉鳳蝶。
相關頁碼：（上）286,290

雙環鳳蝶
Papilio hopponis

◆ 科別：鳳蝶科 Papilionidae
◆ 展翅直徑：約8~9公分
◆ 型態特徵：腹面後翅紅色弦月紋雙重
◆ 成蝶習性：愛訪花，亦會到濕地吸水
◆ 發生期：3~10月
◆ 分佈：全台海拔600~3000公尺山區
◆ 族群評估：常見
◆ 食草：食茱萸、賊仔樹
◆ 附加解說：台灣特有種，雌雄蝶體色略
　　　　　　同。
◆ 相關頁碼：（上）286,290

琉璃紋鳳蝶
Papilio hermosanus

◆ 科別：鳳蝶科 Papilionidae
◆ 展翅直徑：約7~8公分
◆ 型態特徵：藍綠帶小，展翅小於8公分。
◆ 成蝶習性：愛訪花，亦會到濕地吸水。
◆ 發生期：3~11月
◆ 分佈：全台海拔400~1500公尺山區
◆ 族群評估：常見
◆ 食草：飛龍掌血
◆ 附加解說：台灣特有種，雌雄蝶體色略
　　　　　　同。
◆ 相關頁碼：（下）56

大琉璃紋鳳蝶
Papilio paris nakaharai

◆ 科別：鳳蝶科 Papilionidae
◆ 展翅直徑：約8.5~9.3公分
◆ 型態特徵：藍綠帶大，展翅大於8.5公
　　　　　　分。
◆ 成蝶習性：愛訪花，亦會到濕地吸水
◆ 發生期：3~11月
◆ 分佈：新竹以北至宜蘭海拔50~500
　　　　　尺山區
◆ 族群評估：常見
◆ 食草：山刈葉、三腳鱉
◆ 附加解說：雌雄蝶體色略同。
◆ 相關頁碼：（上）224

粉蝶科 Pieridae

紅肩粉蝶
Delias pasithoe curasena
◆科別：粉蝶科 Pieridae
◆展翅直徑：約6~7公分
◆型態特徵：腹面下翅基部紅色
◆成蝶習性：愛訪花，偶爾飛臨濕地吸水。
◆發生期：全年可見
◆分佈：全台海拔200~1500公尺山區
◆族群評估：不常見
◆食草：大葉桑寄生、忍冬葉桑寄生
◆附加解說：雌蝶翅背無黃紋
◆相關頁碼：（下）92,96

紅紋粉蝶
Delias hyparete luzonensis
◆科別：粉蝶科 Pieridae
◆展翅直徑：約6~7公分
◆型態特徵：體白色，腹部下翅外緣佈紅斑
◆成蝶習性：愛訪花，偶爾飛臨濕地吸水。
◆發生期：全年可見
◆分佈：苗栗以南200~1000公尺山區
◆族群評估：不常見
◆食草：大葉桑寄生、忍冬葉桑寄生
◆附加解說：雌蝶黑紋較濃密
◆相關頁碼：（下）92

韋氏麻斑粉蝶
Delias berinda wilemani
◆科別：粉蝶科 Pieridae
◆展翅直徑：約7~8公分
◆型態特徵：翅較黑，觸角先端有白紋。
◆成蝶習性：愛訪花，亦喜飛臨濕地吸水。
◆發生期：4~8月
◆分佈：全台1000~3000公尺山區
◆族群評估：不常見
◆食草：杜鵑桑寄生、忍冬葉桑寄生
◆附加解說：幼蟲集體越冬，一年一世代。
◆相關頁碼：（下）96

麻斑粉蝶

Delias lativitta formosana

◆科別：粉蝶科 Pieridae
◆展翅直徑：約7～8公分
◆型態特徵：翅較白，觸角先端無白紋。
◆成蝶習性：愛訪花，亦喜到濕地吸水。
◆發生期：4～8月
◆分佈：全台1000～3000公尺山區
◆族群評估：不常見
◆食草：桐櫟柿寄生、台灣槲寄生
◆附加解說：幼蟲集體越冬，一年一世代。
◆相關頁碼：（下）100

高山粉蝶

Aporia agathon moltrechti

◆科別：粉蝶科 Pieridae
◆展翅直徑：約5.5～7公分
◆型態特徵：翅背內緣白色，雌雄蝶體
　　　　　　色略同。
◆成蝶習性：愛訪花，亦喜到濕地吸水
◆發生期：5～8月
◆分佈：全台1000～3000公尺山區
◆族群評估：常見
◆食草：阿里山十大功勞、玉山小蘗
◆附加解說：幼蟲集體越冬，一年一世
◆相關頁碼：（上）150

深山粉蝶

Aporia potanini insularis

◆科別：粉蝶科 Pieridae
◆展翅直徑：約6～7公分
◆型態特徵：體翅白色，雌雄蝶略同。
◆成蝶習性：愛訪花，亦喜飛臨濕地吸水。
◆發生期：5～6月
◆分佈：全台1000～2000公尺山區
◆族群評估：稀有
◆食草：鄧氏胡頹子
◆附加解說：幼蟲集體越冬，一年一世代。
◆相關頁碼：（下）68

台灣紋白蝶
Pieris canidia

◆ 科別：粉蝶科 Pieridae
◆ 展翅直徑：約4.5~5.5公分
◆ 型態特徵：體白色，下翅外緣佈數枚黑斑。
◆ 成蝶習性：愛訪花，亦喜到濕地吸水。
◆ 發生期：全年
◆ 分佈：全台平地至海拔三千公尺
◆ 族群評估：常見
◆ 食草：薊菜或各種十字花科蔬菜
◆ 附加解說：雌雄蝶體色略同，冬季族群較龐大。
◆ 相關頁碼：（上）26,28（下）30

紋白蝶
Pieris rapae crucivora

◆ 科別：粉蝶科 Pieridae
◆ 展翅直徑：約4.5~5公分
◆ 型態特徵：體白色，背下翅外緣黑斑僅一枚。
◆ 成蝶習性：愛訪花，亦喜到濕地吸水。
◆ 發生期：全年
◆ 分佈：全台平地至海拔三千公尺
◆ 族群評估：常見
◆ 食草：薊菜或各種十字花科蔬菜
◆ 附加解說：雌雄蝶體色略同，冬季族群較龐大。
◆ 相關頁碼：（上）26,28（下）30

墾海紋白蝶
albotia naganum karumii

◆ 科別：粉蝶科 Pieridae
◆ 展翅直徑：約5.5~6公分
◆ 型態特徵：體白色，雄蝶下翅無黑斑。
◆ 成蝶習性：愛訪花，亦喜到濕地吸水。
◆ 發生期：4~11月
◆ 分佈：北部及東北部海岸至海拔兩千公尺山區。
◆ 族群評估：不常見
◆ 食草：鐘萼木
◆ 附加解說：雌蝶背下翅外緣黑斑連接，在海岸山區較常見。
◆ 相關頁碼：（上）296

淡紫粉蝶

Cepora nadina eunama

◆科別：粉蝶科 Pieridae
◆展翅直徑：約5～6公分
◆型態特徵：雄蝶翅背白色，翅腹淡紫。
◆成蝶習性：愛訪花，亦喜到濕地吸水。
◆發生期：全年
◆分佈：中部以南海拔200～1500公尺山區
◆族群評估：常見
◆食草：毛瓣蝴蝶木、大果山柑
◆附加解說：雌蝶背部褐色，以中部地區較
　　　　　　多產
◆相關頁碼：（下）26

八重山粉蝶

Appias olferna peducaea

◆科別：粉蝶科 Pieridae
◆展翅直徑：約5～6公分
◆型態特徵：雄蝶背白色，黑脈緣，雌
　　　　　　蝶褐色，佈白紋。
◆成蝶習性：愛訪花，亦喜到濕地吸水
◆發生期：全年
◆分佈：中部以南平地至海拔500公尺山
◆族群評估：常見
◆食草：平伏莖白花菜
◆附加解說：曾視為迷蝶，現已穩定繁
◆相關頁碼：（上）26

黃裙粉蝶

Cepora aspasia olga

◆科別：粉蝶科 Pieridae
◆展翅直徑：約5～5.5公分
◆型態特徵：雄蝶背上翅白色、黑脈，下
　　　　　　翅鮮黃。
◆成蝶習性：愛訪花，亦喜到濕地吸水。
◆發生期：全年
◆分佈：僅見於蘭嶼
◆族群評估：不常見
◆食草：蘭嶼山柑
◆附加解說：熱帶蝶類，族群多見於蘭嶼
　　　　　　朗島村。
◆相關頁碼：（下）30

黑脈粉蝶
Cepora coronis cibyra

◈ 科別：粉蝶科 Pieridae
◈ 展翅直徑：約5~6公分
◈ 型態特徵：雄蝶翅背白色，脈黑色。
◈ 成蝶習性：愛訪花，亦喜到濕地吸水。
◈ 發生期：全年
◈ 分佈：南部平地至海拔1000公尺山區
◈ 族群評估：常見
◈ 食草：毛瓣蝴蝶木、小刺山柑
◈ 附加解說：雌蝶背部褐色，蘭嶼亦有
　　　　　　分佈。
◈ 相關頁碼：（下）26,30

尖翅粉蝶
Appias albina semperi

◈ 科別：粉蝶科 Pieridae
◈ 展翅直徑：約5~6公分
◈ 型態特徵：雄蝶體白色，翅尖，雌蝶背
　　　　　　外緣佈黑紋。
◈ 成蝶習性：愛訪花，亦喜到濕地吸水。
◈ 發生期：全年
◈ 分佈：恆春半島、蘭嶼、綠島及北濱公
　　　　路沿海山區
◈ 族群評估：不常見
◈ 食草：鐵色、台灣假黃楊
◈ 附加解說：雌蝶亦有黃色型出現
◈ 相關頁碼：（上）210,212

蘭嶼粉蝶
Appias paulina minato

◈ 科別：粉蝶科 Pieridae
◈ 展翅直徑：約5~6公分
◈ 型態特徵：雄蝶體白色，背上翅有兩枚
黑斑，雌蝶背外緣佈黑紋。
◈ 成蝶習性：愛訪花，亦愛到濕地吸水。
◈ 發生期：全年
◈ 分佈：恆春半島、蘭嶼、綠島、龜山島
　　　　及北濱公路沿海山區
◈ 族群評估：不常見
◈ 食草：台灣假黃楊、鐵色
◈ 附加解說：龜山島及北濱公路和美至南
　　　　　　雅一帶較多產
◈ 相關頁碼：（上）212

台灣粉蝶
Appias lyncida formosana

◆ 科別：粉蝶科 Pieridae
◆ 展翅直徑：約5～6公分
◆ 型態特徵：雄蝶體白色，背下翅黃色，
緣黑色。
◆ 成蝶習性：愛訪花，亦喜至濕地吸水。
◆ 發生期：全年
◆ 分佈：全台平地至海拔2500公尺山區
◆ 族群評估：常見
◆ 食草：魚木及各種山柑屬植物
◆ 附加解說：雌蝶褐黑色，佈白紋。
◆ 相關頁碼：（上）284（下）26

雲紋粉蝶
Appias indra aristoxenus

◆ 科別：粉蝶科 Pieridae
◆ 展翅直徑：約5～6公分
◆ 型態特徵：雄蝶體白色，背上翅端佈大
塊黑紋，腹雲彩紋。
◆ 成蝶習性：愛訪花，亦喜到濕地吸水。
◆ 發生期：全年
◆ 分佈：東部及南部平地至海拔一千五百
公尺山區
◆ 族群評估：常見
◆ 食草：鐵色、台灣假黃楊
◆ 附加解說：雌蝶外緣佈黑紋，北部及東
北部偶爾發生。
◆ 相關頁碼：（上）210,212

斑粉蝶
Prioneris thestylis formosana

◆ 科別：粉蝶科 Pieridae
◆ 展翅直徑：約6～7公分
◆ 型態特徵：雄蝶體白色，背下翅佈黃玫
，緣黑色。
◆ 成蝶習性：愛訪花，亦喜至濕地吸水
◆ 發生期：全年
◆ 分佈：全台海拔50～3000公尺山區
◆ 族群評估：常見
◆ 食草：毛瓣蝴蝶木
◆ 附加解說：雌蝶體色較黑，中部以南軟
常見。
◆ 相關頁碼：（下）26

雌白黃蝶
Ixias pyrene insignis

◈ **科別：** 粉蝶科 Pieridae
◈ **展翅直徑：** 約4.5~5.5公分
◈ **型態特徵：** 雄蝶背黃色，前翅佈橙紅色斑，緣黑色。
◈ **成蝶習性：** 愛訪花，亦喜至濕地吸水。
◈ **發生期：** 全年
◈ **分佈：** 中部以南海拔50~1500公尺山區
◈ **族群評估：** 常見
◈ **食草：** 毛瓣蝴蝶木或各種山柑屬植物
◈ **附加解說：** 雌蝶體翅白色
◈ **相關頁碼：** （下）26

黑點粉蝶
Leptosia nina niobe

◈ **科別：** 粉蝶科 Pieridae
◈ **展翅直徑：** 約3.5~4公分
◈ **型態特徵：** 體纖細，白色，上翅端有一黑斑。
◈ **成蝶習性：** 愛訪花，飛行緩慢。
◈ **發生期：** 全年
◈ **分佈：** 全台海拔50~1200公尺山區
◈ **族群評估：** 常見
◈ **食草：** 魚木及各種山柑屬植物
◈ **附加解說：** 台灣最小型的粉蝶科成員
◈ **相關頁碼：** （上）26,284 （下）26,30

端紅蝶
Hebomoia glucippe formosana

◈ **科別：** 粉蝶科 Pieridae
◈ **展翅直徑：** 約8~9.5公分
◈ **型態特徵：** 雄蝶背白色，前翅佈橙紅色斑，緣黑色。
◈ **成蝶習性：** 愛訪花，亦喜至濕地吸水。
◈ **發生期：** 全年
◈ **分佈：** 全台平地至海拔2500公尺山區
◈ **族群評估：** 常見
◈ **食草：** 魚木或各種山柑屬植物
◈ **附加解說：** 台灣最大型粉蝶，雌蝶體翅較黑。
◈ **相關頁碼：** （上）284（下）26,30

水青粉蝶
Catopsilia pyranthe

◆ 科別：粉蝶科 Pieridae
◆ 展翅直徑：約6～7公分
◆ 型態特徵：雄蝶背白色，前翅有枚黑點，端黑色。
◆ 成蝶習性：愛訪花，亦喜至濕地吸水。
◆ 發生期：全年
◆ 分佈：全台平地至海拔一千公尺山區
◆ 族群評估：常見
◆ 食草：望江南、黃槐
◆ 附加解說：雌蝶體色較暗沉
◆ 相關頁碼：（上）44,282

186

淡黃蝶
Catopsilia pomona

◆ 科別：粉蝶科 Pieridae
◆ 展翅直徑：約5.5～7公分
◆ 型態特徵：無紋型雄蝶腹面無雜斑，銀紋型則有銀圈紋。
◆ 成蝶習性：愛訪花，亦喜飛臨濕地吸水
◆ 發生期：全年
◆ 分佈：全台平地至海拔兩千公尺山區
◆ 族群評估：常見
◆ 食草：阿勃勒、鐵刀木
◆ 附加解說：銀紋型雌蝶鮮黃，無紋型則翅緣佈黑紋。
◆ 相關頁碼：（上）282

大黃裙粉蝶
Catopsilia scylla cornelia

◆ 科別：粉蝶科 Pieridae
◆ 展翅直徑：約5.5～6公分
◆ 型態特徵：雄蝶背下翅鮮黃，前翅白色端外緣黑色。
◆ 成蝶習性：愛訪花，亦喜飛臨濕地吸水。
◆ 發生期：全年
◆ 分佈：南部海拔三百公尺以下地區
◆ 族群評估：不常見
◆ 食草：決明、黃槐
◆ 附加解說：恆春半島較多產
◆ 相關頁碼：（上）42

黃紋粉蝶

Colias erate formosana

◆科別：粉蝶科 Pieridae
◆展翅直徑：約4~5.5公分
◆型態特徵：雄蝶翅背黃色，雌蝶白色。
◆成蝶習性：愛訪花，亦喜至濕地吸水。
◆發生期：全年
◆分佈：全台平地至海拔三千公尺山區
◆族群評估：不常見
◆食草：菽草及各種紫雲英屬植物
◆附加解說：蘭嶼亦有分佈，族群主要見
於中海拔山區。
◆相關頁碼：（上）46

紅點粉蝶

Gonepteryx amintha formosana

◆科別：粉蝶科Pieridae
◆展翅直徑：約6~7公分
◆型態特徵：雄蝶翅背黃色，佈四枚紅點
◆成蝶習性：愛訪花，亦喜飛臨濕地吸水
◆發生期：全年
◆分佈：全台海拔100~3000千公尺山區
◆族群評估：常見
◆食草：桶鉤藤
◆附加解說：雌蝶白色，休息合翅宛如高
麗菜葉的脈紋。
◆相關頁碼：（下）64,66

小紅點粉蝶

Gonepteryx taiwana

◆科別：粉蝶科Pieridae
◆展翅直徑：約5~6公分
◆型態特徵：雄蝶翅背淡黃色，佈四枚紅點
◆成蝶習性：愛訪花，亦喜飛臨濕地吸水。
◆發生期：全年
◆分佈：全台海拔1000~3000千公尺山區
◆族群評估：常見
◆食草：小葉鼠李
◆附加解說：台灣特有種，雌雄蝶體色略同
◆相關頁碼：（下）66

星黃蝶
學名：*Eurema brigitta hainana*

◆ 科別：粉蝶科Pieridae
◆ 展翅直徑：約4～4.5公分
◆ 型態特徵：雄蝶翅背黃色，緣黑色。
◆ 成蝶習性：愛訪花，亦喜飛臨濕地吸z
◆ 發生期：全年
◆ 分佈：全台平地至一千公尺山區
◆ 族群評估：不常見
◆ 食草：假含羞草
◆ 附加解說：雌雄蝶體色略同
◆ 相關頁碼：（上）34

台灣黃蝶
Eurema blanda arsakia

◆ 科別：粉蝶科 Pieridae
◆ 展翅直徑：約4～4.5公分
◆ 型態特徵：雄蝶翅背黃色，緣黑色。
◆ 成蝶習性：愛訪花，亦喜飛臨濕地吸水。
◆ 發生期：全年
◆ 分佈：全台平地至兩千五百公尺山區
◆ 族群評估：常見
◆ 食草：鐵刀木、阿勃勒
◆ 附加解說：雌蝶聚集產卵，終齡幼蟲頭
　　　　　　部黑色。
◆ 相關頁碼：（上）42,154,280,282
　　　　　　（下）42

荷氏黃蝶
Eurema hecabe

◆ 科別：粉蝶科Pieridae
◆ 展翅直徑：約3.5～4.5公分
◆ 型態特徵：雄蝶翅背黃色，緣黑色。
◆ 成蝶習性：愛訪花，亦喜至濕地吸水
◆ 發生期：全年
◆ 分佈：全台平地至兩千公尺山區
◆ 族群評估：常見
◆ 食草：田菁、合萌
◆ 附加解說：雌蝶產卵零散，終齡幼蟲
　　　　　　部綠色。
◆ 相關頁碼：（上）42,48

斑蝶科 Danaidae

大樺斑蝶
Danaus plexippus

- 科別：斑蝶科 Danaidae
- 展翅直徑：約9~9.5公分
- 型態特徵：前翅端無帶狀白紋
- 成蝶習性：喜訪花或飛臨濕地吸水
- 發生期：可能全年發生
- 分佈：可能由平地至海拔3000公尺山區
- 族群評估：滅絕
- 食草：釘頭果、馬利筋
- 附加解說：早期可能隨釘頭果或馬利筋的引進來到台灣
- 相關頁碼：（上）66

樺斑蝶
Danaus chrysippus

- 科別：斑蝶科 Danaidae
- 展翅直徑：約7~7.5公分
- 型態特徵：體翅無寬紋黑脈
- 成蝶習性：喜訪花或飛臨濕地吸水
- 發生期：全年
- 分佈：平地至海拔兩千公尺山區
- 族群評估：常見
- 食草：馬利筋、釘頭果、薄葉牛皮消
- 附加解說：雄蝶下翅黑點四枚，雌蝶三枚
- 相關頁碼：（上）66（下）70

黑脈樺斑蝶
Danaus genutia

- 科別：斑蝶科 Danaidae
- 展翅直徑：約7~8公分
- 型態特徵：體翅寬紋黑脈明顯
- 成蝶習性：喜訪花或飛臨濕地吸水
- 發生期：全年
- 分佈：平地至海拔三千公尺山區
- 族群評估：常見
- 食草：薄葉牛皮消
- 附加解說：雄蝶下翅有枚黑紋性斑
- 相關頁碼：（下）70

淡紋青斑蝶
Tirumala limniace

◆科別：斑蝶科 Danaidae
◆展翅直徑：約8~9公分
◆型態特徵：背部下翅基部倒V字紋三枚
◆成蝶習性：喜訪花或飛臨濕地吸水
◆發生期：全年
◆分佈：平地至海拔兩千公尺山區
◆族群評估：常見
◆食草：華他卡藤
◆附加解說：雄蝶下翅有枚C紋性斑
◆相關頁碼：（下）72

小紋青斑蝶
Tirumala septentronis

◆科別：斑蝶科 Danaidae
◆展翅直徑：約8~9公分
◆型態特徵：背部下翅基部倒V字紋兩枚
◆成蝶習性：喜訪花或飛臨濕地吸水
◆發生期：全年
◆分佈：平地至海拔兩千公尺山區
◆族群評估：常見
◆食草：布朗藤
◆附加解說：雄蝶下翅有枚C紋性斑
◆相關頁碼：（下）78

姬小紋青斑蝶
Parantica aglea maghaba

◆科別：斑蝶科 Danaidae
◆展翅直徑：約6.5~7.5公分
◆型態特徵：腹面前翅第一枚倒V紋三歧
◆成蝶習性：喜訪花或飛臨濕地吸水
◆發生期：全年
◆分佈：平地至海拔兩千公尺山區
◆族群評估：常見
◆食草：布朗藤、歐蔓
◆附加解說：雄蝶下翅緣有枚性斑
◆相關頁碼：（下）76,78

青斑蝶

Parantica sita niphonica

◆ 科別：斑蝶科 Danaidae
◆ 展翅直徑：約8.5～10公分
◆ 型態特徵：翅幾乎呈半透明，淡紋斑大
◆ 成蝶習性：喜訪花或飛臨濕地吸水
◆ 發生期：全年
◆ 分佈：平地至海拔三千公尺山區
◆ 族群評估：常見
◆ 食草：薄葉牛皮消、絨毛芙蓉蘭
◆ 附加解說：雄蝶下翅緣有枚性斑
◆ 相關頁碼：（下）70

小青斑蝶

Parantica swinhoei

◆ 科別：斑蝶科 Danaidae
◆ 展翅直徑：約7～8.5公分
◆ 型態特徵：翅幾乎呈半透明，淡紋斑小。
◆ 成蝶習性：喜訪花或飛臨濕地吸水
◆ 發生期：全年
◆ 分佈：平地至海拔三千公尺山區
◆ 族群評估：常見
◆ 食草：薄葉牛皮消、絨毛芙蓉蘭
◆ 附加解說：雄蝶下翅緣有枚性斑。
◆ 相關頁碼：（下）70

琉球青斑蝶

Ideopsis similis

◆ 科別：斑蝶科 Danaidae
◆ 展翅直徑：約7～8.5公分
◆ 型態特徵：腹面前翅第一枚倒V紋無分岐
◆ 成蝶習性：喜訪花或飛臨濕地吸水
◆ 發生期：全年
◆ 分佈：平地至海拔三千公尺山區
◆ 族群評估：常見
◆ 食草：布朗藤、歐蔓
◆ 附加解說：雌雄蝶斑紋略同，雄蝶無性
　　　　　　斑。
◆ 相關頁碼：（下）76,78

圓翅紫斑蝶
Euploea eunice hobsoni
- ◆ 科別：斑蝶科 Danaidae
- ◆ 展翅直徑：約6.5~8.5公分
- ◆ 型態特徵：背面前翅有枚淡青亮麗橫紋。
- ◆ 成蝶習性：喜訪花或飛臨濕地吸水
- ◆ 發生期：全年
- ◆ 分佈：平地至海拔三千公尺山區
- ◆ 族群評估：常見
- ◆ 食草：榕樹、珍珠蓮
- ◆ 附加解說：雌蝶下翅無性斑
- ◆ 相關頁碼：（上）196

端紫斑蝶
Euploea mulciber barsine
- ◆ 科別：斑蝶科 Danaidae
- ◆ 展翅直徑：約8~9.5公分
- ◆ 型態特徵：雄蝶背面先端狹長，紫紋亮麗。
- ◆ 成蝶習性：喜訪花或飛臨濕地吸水
- ◆ 發生期：全年
- ◆ 分佈：平地至海拔三千公尺山區
- ◆ 族群評估：常見
- ◆ 食草：榕樹、珍珠蓮
- ◆ 附加解說：雌蝶背面下翅佈條狀白斑
- ◆ 相關頁碼：（上）196

小紫斑蝶
Euploea tulliolus kojinga
- ◆ 科別：斑蝶科 Danaidae
- ◆ 展翅直徑：約5.5~6.5公分
- ◆ 型態特徵：雄蝶翅背前線有枚白點
- ◆ 成蝶習性：喜訪花或飛臨濕地吸水
- ◆ 發生期：全年
- ◆ 分佈：平地至海拔兩千公尺山區
- ◆ 族群評估：常見
- ◆ 食草：盤龍木
- ◆ 附加解說：雌雄蝶斑紋略同
- ◆ 相關頁碼：（下）10

斯氏紫斑蝶

Euploea sylvester swinhoei

- ◆ 科別：斑蝶科 Danaidae
- ◆ 展翅直徑：約6.5～7.5公分
- ◆ 型態特徵：雄蝶翅背前線無白點
- ◆ 成蝶習性：喜訪花或飛臨濕地吸水
- ◆ 發生期：全年
- ◆ 分佈：平地至海拔兩千公尺山區
- ◆ 族群評估：常見
- ◆ 食草：武靴藤
- ◆ 附加解說：雌雄蝶斑紋略同
- ◆ 相關頁碼：（下）74

大白斑蝶

Idea leuconoe clara

- ◆ 科別：斑蝶科 Danaidae
- ◆ 展翅直徑：約10.5～11.5公分
- ◆ 型態特徵：體翅白底，佈黑斑。
- ◆ 成蝶習性：喜訪花
- ◆ 發生期：全年
- ◆ 分佈：北濱公路、恆春半島蘭嶼及龜山
  島沿海
- ◆ 族群評估：常見
- ◆ 食草：爬森藤
- ◆ 附加解說：雌雄蝶斑紋略同
- ◆ 相關頁碼：（下）80

綠島大白斑蝶

Idea leuconoe kwashotoensis

- ◆ 科別：斑蝶科 Danaidae
- ◆ 展翅直徑：約10.5～11.5公分
- ◆ 型態特徵：體翅白底，佈黑斑。
- ◆ 成蝶習性：喜訪花
- ◆ 發生期：全年
- ◆ 分佈：僅見於綠島
- ◆ 族群評估：不常見
- ◆ 食草：爬森藤
- ◆ 附加解說：雌雄蝶斑紋略同，黑斑較
  大白斑蝶顯著。
- ◆ 相關頁碼：（下）80

蛇目蝶科 Satyridae

台灣小波紋蛇目蝶
Ypthima akragas

◆ 科別：蛇目蝶科 Satyridae
◆ 展翅直徑：約3.5~4公分
◆ 型態特徵：腹面下翅白紋濃厚
◆ 成蝶習性：喜訪花或飛臨濕地吸水
◆ 發生期：4~11月
◆ 分佈：全台海拔1000~3000公尺山區
◆ 族群評估：常見
◆ 食草：早熟禾、川上氏短柄草或其他
　　　　小型禾草
◆ 附加解說：台灣特有種，雌雄蝶斑紋
　　　　略同。
◆ 相關頁碼：（上）106,112

小波紋蛇目蝶
Ypthima baldus zodina

◆ 科別：蛇目蝶科 Satyridae
◆ 展翅直徑：約2.5~3.5公分
◆ 型態特徵：雄蝶腹面下翅眼紋五枚，
　　　　背面兩枚。
◆ 成蝶習性：喜訪花或飛臨濕地吸水
◆ 發生期：全年
◆ 分佈：全台平地至海拔1500公尺山區
◆ 族群評估：常見
◆ 食草：早熟禾、兩耳草或其他小型禾草
◆ 附加解說：雌雄蝶斑紋略同
◆ 相關頁碼：（上）106,118

山中波紋蛇目蝶
Ypthima conjuncta yamanakai

◆ 科別：蛇目蝶科 Satyridae
◆ 展翅直徑：約4~5公分
◆ 型態特徵：雄蝶背面下翅眼紋三枚
◆ 成蝶習性：喜訪花或飛臨濕地吸水
◆ 發生期：5~9月
◆ 分佈：全台海拔1000~2500公尺山區
◆ 族群評估：不常見
◆ 食草：川上氏短柄草或其他小型禾草
◆ 附加解說：雌雄蝶斑紋略同
◆ 相關頁碼：（上）112

台灣波紋蛇目蝶
Ypthima multistriata

◆ 科別：蛇目蝶科 Satyridae
◆ 展翅直徑：約3.5~4公分
◆ 型態特徵：雄蝶腹面下翅眼紋三枚，較大。
◆ 成蝶習性：喜訪花或飛臨濕地吸水
◆ 發生期：全年
◆ 分佈：全台平地至海拔1300公尺山區
◆ 族群評估：常見
◆ 食草：川上氏短柄草或其他小型禾草
◆ 附加解說：隨產地的不同，眼紋的變化頗大。
◆ 相關頁碼：（上）108,118

大波紋蛇目蝶
Ypthima formosana

◆ 科別：蛇目蝶科 Satyridae
◆ 展翅直徑：約4~5公分
◆ 型態特徵：雄蝶腹面下翅眼紋三枚，較小。
◆ 成蝶習性：喜訪花或飛臨濕地吸水
◆ 發生期：全年
◆ 分佈：全島海拔50~1500公尺山區
◆ 族群評估：常見
◆ 食草：川上氏短柄草或其他小型禾草
◆ 附加解說：台灣特有種
◆ 相關頁碼：（上）112,118

大藏波紋蛇目蝶
Ypthima okurai

◆ 科別：蛇目蝶科 Satyridae
◆ 展翅直徑：約2.5~3.5公分
◆ 型態特徵：雄蝶腹面下翅眼紋五枚，
　　　　　　白紋濃厚。
◆ 成蝶習性：喜訪花或飛臨濕地吸水
◆ 發生期：5~10月
◆ 分佈：全台海拔1000~2500公尺山區
◆ 族群評估：稀有
◆ 食草：早熟禾或其他小型禾草
◆ 附加解說：台灣特有種，腹面上翅眼
　　　　　　紋大型。
◆ 相關頁碼：（上）106,112

鹿野波紋蛇目蝶

Ypthima praenubilia kanonis

◆科別：蛇目蝶科 Satyridae
◆展翅直徑：約4.5~5.5公分
◆型態特徵：雄蝶腹面下翅眼紋四枚，背一枚。
◆成蝶習性：喜訪花，或飛臨濕地吸水
◆發生期：5~7月
◆分佈：北部及東北部海拔500~1500公尺山區
◆族群評估：不常見
◆食草：川上氏短柄草或其他芒草類
◆附加解說：雌蝶體翅大型許多
◆相關頁碼：（上）120

達邦波紋蛇目蝶

Ypthima tappana

◆科別：蛇目蝶科 Satyridae
◆展翅直徑：約3.5~4.5公分
◆型態特徵：雄蝶腹面下翅眼紋四枚，背兩枚。
◆成蝶習性：喜訪花或飛臨濕地吸水
◆發生期：4~11月
◆分佈：全台海拔50~1500公尺山區
◆族群評估：不常見
◆食草：川上氏短柄草或其他小型禾草
◆附加解說：雌雄蝶斑紋略同
◆相關頁碼：（上）112,118

銀蛇目蝶

Palaeonympha opalina macrophthalimia

◆科別：蛇目蝶科 Satyridae
◆展翅直徑：約3.5~4公分
◆型態特徵：腹面下翅佈銀白色紋
◆成蝶習性：喜訪花或飛臨濕地吸水
◆發生期：4~6月
◆分佈：全台海拔500~2000公尺山區
◆族群評估：不常見
◆食草：柔枝秀竹或其他芒草類植物
◆附加解說：雌雄蝶斑紋略同，早春蝶
◆相關頁碼：（上）116

白尾黑蔭蝶
Zophoessa dura neoclides

- ◆科別：蛇目蝶科 Satyridae
- ◆展翅直徑：約5.5～6公分
- ◆型態特徵：雄蝶背部漆黑，下翅佈褐紋，有短尾。
- ◆成蝶習性：喜吸食腐果、樹液、動物排遺及水分
- ◆發生期：4～11月
- ◆分佈：全台海拔800～3000公尺山區
- ◆族群評估：常見
- ◆食草：芒草
- ◆附加解說：雌蝶上翅亦佈褐紋
- ◆相關頁碼：（上）120

鹿野黑蔭蝶
Zophoessa sidereal kanoi

- ◆科別：蛇目蝶科 Satyridae
- ◆展翅直徑：約3.5～4.5公分
- ◆型態特徵：雄蝶翅背無紋
- ◆成蝶習性：喜吸食腐果、樹液、動物排遺及水分
- ◆發生期：6～11月
- ◆分佈：全台海拔1000～2500公尺山區
- ◆族群評估：稀有
- ◆食草：玉山箭竹
- ◆附加解說：雌蝶更為罕見
- ◆相關頁碼：（上）129

玉山蔭蝶
Zophoessa niitakana

- ◆科別：蛇目蝶科 Satyridae
- ◆展翅直徑：約3.5～4公分
- ◆型態特徵：腹面斑紋花俏
- ◆成蝶習性：喜愛訪花、吸食腐果、樹液、動物排遺及水分
- ◆發生期：5～11月
- ◆分佈：全台海拔1500～3800公尺山區
- ◆族群評估：常見
- ◆食草：玉山箭竹
- ◆附加解說：台灣特有種，雌雄蝶斑紋略同。
- ◆相關頁碼：（上）129

台灣黑蔭蝶
Lethe butleri periscelis

- ◆ 科別：蛇目蝶科 Satyridae
- ◆ 展翅直徑：約4~5公分
- ◆ 型態特徵：腹面前翅眼圈三枚
- ◆ 成蝶習性：喜愛吸食腐果、樹液、動物排遺及水分。
- ◆ 發生期：4~10月
- ◆ 分佈：全台海拔500~2500公尺山區
- ◆ 族群評估：不常見
- ◆ 食草：柔枝秀竹
- ◆ 附加解說：台灣特有種，雌雄蝶斑紋略同。
- ◆ 相關頁碼：（上）116

雌褐蔭蝶
Lethe chandica ratnacri

- ◆ 科別：蛇目蝶科 Satyridae
- ◆ 展翅直徑：約5.5~6.5公分
- ◆ 型態特徵：雄蝶腹面第二枚眼斑長橢圓形
- ◆ 成蝶習性：喜愛吸食腐果、樹液、動物排遺及水分。
- ◆ 發生期：全年
- ◆ 分佈：全台平地至海拔2500公尺山區
- ◆ 族群評估：常見
- ◆ 食草：桂竹、玉山箭竹
- ◆ 附加解說：雌蝶白帶略呈〈字形
- ◆ 相關頁碼：（上）124,129,132

深山蔭蝶
Lethe christophi hanako

- ◆ 科別：蛇目蝶科 Satyridae
- ◆ 展翅直徑：約6~6.5公分
- ◆ 型態特徵：翅背褐色，下翅五枚黑斑。
- ◆ 成蝶習性：喜愛吸食腐果、樹液、動物排遺及水分。
- ◆ 發生期：5~11月
- ◆ 分佈：全台海拔1300~2800公尺山區
- ◆ 族群評估：不常見
- ◆ 食草：玉山箭竹
- ◆ 附加解說：雄蝶下翅有枚性斑
- ◆ 相關頁碼：（上）129

玉帶蔭蝶
Lethe europa pavida

◆ 科別：蛇目蝶科 Satyridae
◆ 展翅直徑：約5~6公分
◆ 型態特徵：雄蝶腹面前翅前圈紋四枚
連接
◆ 成蝶習性：喜愛吸食腐果、樹液、動
物排遺及水分。
◆ 發生期：全年
◆ 分佈：全台平地至海拔一千公尺山區
◆ 族群評估：常見
◆ 食草：桂竹或其他竹類
◆ 附加解說：雌蝶前翅佈白帶
◆ 相關頁碼：（上）124,132

阿里山褐蔭蝶
Lethe gemina zaithar

◆ 科別：蛇目蝶科 Satyridae
◆ 展翅直徑：約4.5~5.5公分
◆ 型態特徵：體色紅褐，腹面下翅眼圈
三枚。
◆ 成蝶習性：喜愛吸食腐果、樹液、動
物排遺及水分。
◆ 發生期：5~9月
◆ 分佈：全台海拔1200~2500公尺山區
◆ 族群評估：稀有
◆ 食草：玉山箭竹
◆ 附加解說：雌雄蝶斑紋略同
◆ 相關頁碼：（上）129

深山玉帶蔭蝶
ethe insana formosana

◆ 科別：蛇目蝶科 Satyridae
◆ 展翅直徑：約4~4.5公分
◆ 型態特徵：腹面下翅眼圈小型
◆ 成蝶習性：喜愛吸食腐果、樹液、動
物排遺及水分。
◆ 發生期：4~11月
◆ 分佈：全台海拔1300~3000公尺山區
◆ 族群評估：常見
◆ 食草：玉山箭竹
◆ 附加解說：體翅小於4.5公分，雌蝶前
翅佈白帶。
◆ 相關頁碼：（上）124,129

波紋白條蔭蝶
Lethe rohria daemoniaca

◆ 科別：蛇目蝶科 Satyridae
◆ 展翅直徑：約5.5~6公分
◆ 型態特徵：腹面佈波浪狀白紋
◆ 成蝶習性：喜愛吸食腐果、樹液、動物排遺及水分。
◆ 發生期：全年
◆ 分佈：全台海拔50~1300公尺山區
◆ 族群評估：常見
◆ 食草：芒草或其他同屬植物
◆ 附加解說：雌蝶前翅佈白帶
◆ 相關頁碼：（上）120

大玉帶蔭蝶　*Lethe mataja*

◆ 科別：蛇目蝶科 Satyridae
◆ 展翅直徑：約5~6公分
◆ 型態特徵：雄蝶前翅佈白帶，腹面下翅眼圈五枚。
◆ 成蝶習性：喜愛吸食腐果、樹液、動物排遺及水分。
◆ 發生期：4~11月
◆ 分佈：全台海拔200~1600公尺山區
◆ 族群評估：不常見
◆ 食草：玉山箭竹、桂竹
◆ 附加解說：台灣特有種，雄蝶下翅有枚黑色性斑。
◆ 相關頁碼：（上）124,129

玉帶黑蔭蝶
Lethe verma cintamani

◆ 科別：蛇目蝶科 Satyridae
◆ 展翅直徑：約4.5~5公分
◆ 型態特徵：前翅佈白帶，腹面下翅眼圈六枚。
◆ 成蝶習性：喜愛吸食腐果、樹液、動物排遺及水分。
◆ 發生期：3~11月
◆ 分佈：全台海拔500~2500公尺山區
◆ 族群評估：常見
◆ 食草：柔枝秀竹
◆ 附加解說：雌雄蝶斑紋略同
◆ 相關頁碼：（上）116

白色黃斑蔭蝶
Neope armandii lacticolora

- ◆ 科別：蛇目蝶科 Satyridae
- ◆ 展翅直徑：約6~7公分
- ◆ 型態特徵：背部下翅幾乎由白紋構成
- ◆ 成蝶習性：喜愛吸食腐果、樹液、動物排遺及水分。
- ◆ 發生期：4~11月
- ◆ 分佈：全台海拔1000~2500公尺山區
- ◆ 族群評估：不常見
- ◆ 食草：芒草或其他同屬植物
- ◆ 附加解說：雌雄蝶斑紋略同
- ◆ 相關頁碼：（上）120

台灣黃斑蔭蝶
Neope bremeri taiwana

- ◆ 科別：蛇目蝶科 Satyridae
- ◆ 展翅直徑：約6~7公分
- ◆ 型態特徵：腹面下翅第一枚眼紋斑明顯
- ◆ 成蝶習性：喜愛吸食腐果、樹液、動物排遺及水分。
- ◆ 發生期：4~11月
- ◆ 分佈：全台海拔400~2500公尺山區
- ◆ 族群評估：常見
- ◆ 食草：桂竹或其他同屬植物
- ◆ 附加解說：雌雄蝶斑紋略同
- ◆ 相關頁碼：（上）124,129

永澤黃斑蔭蝶
Neope muirheadi nagasawae

- ◆ 科別：蛇目蝶科 Satyridae
- ◆ 展翅直徑：約6~7公分
- ◆ 型態特徵：雄蝶翅背幾乎無黑斑或少許
- ◆ 成蝶習性：喜愛吸食腐果、樹液、動物排遺及水分。
- ◆ 發生期：全年
- ◆ 分佈：全台海拔50~1500公尺山區
- ◆ 族群評估：常見
- ◆ 食草：桂竹或其他同屬植物
- ◆ 附加解說：雌蝶翅背黑斑明顯
- ◆ 相關頁碼：（上）124,132

阿里山黃斑蔭蝶
Neope pulaha dadia
- ◆ 科別：蛇目蝶科 Satyridae
- ◆ 展翅直徑：約5～6公分
- ◆ 型態特徵：雄蝶腹面眼斑模糊
- ◆ 成蝶習性：喜愛吸食腐果、樹液、動物排遺及水分。
- ◆ 發生期：全年
- ◆ 分佈：全台海拔1500～3500公尺山區
- ◆ 族群評估：常見
- ◆ 食草：玉山箭竹或其他同屬植物
- ◆ 附加解說：雌雄蝶斑紋略同
- ◆ 相關頁碼：（上）129

小蛇目蝶
Mycalesis francisca formosana
- ◆ 科別：蛇目蝶科 Satyridae
- ◆ 展翅直徑：約3.5～4公分
- ◆ 型態特徵：翅黑色，腹面帶紋紫色。
- ◆ 成蝶習性：喜愛吸食腐果、樹液、動物排遺及水分。
- ◆ 發生期：全年
- ◆ 分佈：全台平地至海拔1300公尺山區
- ◆ 族群評估：常見
- ◆ 食草：颱風草、兩耳草
- ◆ 附加解說：雌雄蝶斑紋略同，冬型眼斑小。
- ◆ 相關頁碼：（上）102

姬蛇目蝶
Mycalesis gotama nanda
- ◆ 科別：蛇目蝶科 Satyridae
- ◆ 展翅直徑：約4～5公分
- ◆ 型態特徵：翅褐色，腹面帶紋白色。
- ◆ 成蝶習性：喜愛吸食腐果、樹液、動物排遺及水分。
- ◆ 發生期：全年
- ◆ 分佈：全台平地至海拔1300公尺山區
- ◆ 族群評估：常見
- ◆ 食草：颱風草、兩耳草
- ◆ 附加解說：雌雄蝶斑紋略同，冬型眼斑
- ◆ 相關頁碼：（上）102

切翅單環蛇目蝶 Mycalesis zonata

- ◆科別：蛇目蝶科Satyridae
- ◆展翅直徑：約4~4.5公分
- ◆型態特徵：背部前翅眼紋一枚，腹面帶紋紫色。
- ◆成蝶習性：喜愛吸食腐果、樹液、動物排遺及水分。
- ◆發生期：全年
- ◆分佈：全台平地至海拔1300公尺山區
- ◆族群評估：常見
- ◆食草：颱風草、兩耳草
- ◆附加解說：雌雄蝶斑紋略同，冬型眼斑小或無。
- ◆相關頁碼：（上）102

單環蛇目蝶
Mycalesis sangaica mara

- ◆科別：蛇目蝶科 Satyridae
- ◆展翅直徑：約4~4.5公分
- ◆型態特徵：背部前翅眼紋一枚
- ◆成蝶習性：喜愛吸食腐果、樹液、動物排遺及水分。
- ◆發生期：全年
- ◆分佈：全台平地至海拔1300公尺山區
- ◆族群評估：常見
- ◆食草：颱風草、兩耳草
- ◆附加解說：雌雄蝶斑紋略同，冬型眼斑小。
- ◆相關頁碼：（上）102

永澤蛇目蝶
Mycalesis nagasawae

- ◆科別：蛇目蝶科 Satyridae
- ◆展翅直徑：約4.5~5.5公分
- ◆型態特徵：前翅眼斑兩枚
- ◆成蝶習性：喜愛訪花、吸食腐果、動物排遺及水分。
- ◆發生期：全年
- ◆分佈：全台海拔2600~3800公尺山區
- ◆族群評估：常見
- ◆食草：早熟禾或其他小型禾草
- ◆附加解說：台灣特有種，雌雄蝶斑紋略同
- ◆相關頁碼：（上）106,112

黑樹蔭蝶
Melanitis phedima polishana
- ◆科別：蛇目蝶科 Satyridae
- ◆展翅直徑：約5.5～7公分
- ◆型態特徵：夏型腹面下翅中央有兩枚黑斑。
- ◆成蝶習性：喜愛吸食腐果、樹液、動物排遺及水分。
- ◆發生期：全年
- ◆分佈：全台平地至海拔1500公尺山區
- ◆族群評估：常見
- ◆食草：颱風草、象草
- ◆附加解說：秋型個體大型許多
- ◆相關頁碼：（上）102

樹蔭蝶
Melanitis leda
- ◆科別：蛇目蝶科 Satyridae
- ◆展翅直徑：約5.5～6.5公分
- ◆型態特徵：夏型腹面體色以白色麻斑為主，眼紋大型。
- ◆成蝶習性：喜愛吸食腐果、樹液、動物排遺及水分。
- ◆發生期：全年
- ◆分佈：全台平地至海拔2000公尺山區
- ◆族群評估：常見
- ◆食草：李氏禾、水稻、甘蔗
- ◆附加解說：秋型個體近似黑樹蔭蝶
- ◆相關頁碼：（上）108,110

白條斑蔭蝶
Penthema formosanum
- ◆科別：蛇目蝶科 Satyridae
- ◆展翅直徑：約7.5～9公分
- ◆型態特徵：翅背佈白色條紋
- ◆成蝶習性：喜愛吸食腐果、樹液、動物排遺及水分。
- ◆發生期：4～11月
- ◆分佈：全台海拔50～1300公尺山區
- ◆族群評估：常見
- ◆食草：桂竹或其他同屬植物
- ◆附加解說：雌蝶體色較黑
- ◆相關頁碼：（上）124,132

紫蛇目蝶

Elymnias hypermnestra hainana

◆科別：蛇目蝶科 Satyridae
◆展翅直徑：約5.5～6公分
◆型態特徵：翅背佈亮麗紫紋
◆成蝶習性：喜愛吸食腐果、樹液、動物
　　　　　　排遺及水分。
◆發生期：全年
◆分佈：全台平地至海拔1300公尺山區
◆族群評估：常見
◆食草：山棕、椰子、黃椰子、蒲葵
◆附加解說：雌蝶背部下翅白斑三枚
◆相關頁碼：（上）136

環紋蝶科 Amathusiidae

串珠環蝶 *Faunis eumeus*

◆科別：環紋蝶科 Amathusiidae
◆展翅直徑：約4.5～5.5公分
◆型態特徵：翅背黑褐色，前翅先端橙黃
◆成蝶習性：喜愛吸食腐果、樹液、動物
　　　　　　排遺及水分。
◆發生期：5～10月
◆分佈：台北及基隆海拔50～500公尺山區
◆族群評估：不常見
◆食草：平柄菝契
◆附加解說：雌雄蝶斑紋略同
◆相關頁碼：（下）86

環紋蝶

Stichophthalma howqua formosana

◆科別：環紋蝶科 Amathusiidae
◆展翅直徑：約9～11公分
◆型態特徵：背部黃色為底，外緣佈黑斑
◆成蝶習性：喜愛吸食腐果、樹液、動物
　　　　　　排遺及水分。
◆發生期：4～11月
◆分佈：全台海拔50～1500公尺山區
◆族群評估：常見　◆食草：芒草、桂竹
◆附加解說：雌雄蝶斑紋略同
◆相關頁碼：（上）120,124,132

方環蝶 *Discophora sondaica*

◆ **科別**：環紋蝶科 Amathusiidae
◆ **展翅直徑**：約6～7公分
◆ **型態特徵**：背部前翅先端佈白紋
◆ **成蝶習性**：喜愛吸食腐果、樹液、動物排遺及水分。
◆ **發生期**：4～11月
◆ **分佈**：台北、基隆及宜蘭海拔50～600公尺山區
◆ **族群評估**：不常見
◆ **食草**：桂竹或其他同屬植物
◆ **附加解說**：雌雄蝶斑紋略同
◆ **相關頁碼**：（上）124,132

蛺蝶科 Nymphalidae

細蝶 *Acraea issoria formosana*

◆ **科別**：蛺蝶科 Nymphalidae
◆ **展翅直徑**：約5～7公分
◆ **型態特徵**：黃褐色為底，黑脈明顯。
◆ **成蝶習性**：飛行緩慢，無後食行為。
◆ **發生期**：5～10月
◆ **分佈**：全台海拔50～1500公尺山區
◆ **族群評估**：常見
◆ **食草**：青苧麻、水麻、糯米團
◆ **附加解說**：雌雄蝶體色略同，但雌蝶較為大型。
◆ **相關頁碼**：（上）18,146

樺蛺蝶 *Ariadne ariadne pallidior*

◆ **科別**：蛺蝶科 Nymphalidae
◆ **展翅直徑**：約5～5.5公分
◆ **型態特徵**：翅背紅褐色，佈黑色條紋
◆ **成蝶習性**：喜訪花、吸水、動物排遺、屍體及腐果。
◆ **發生期**：全年
◆ **分佈**：全台平地至六百公尺山區
◆ **族群評估**：常見
◆ **食草**：篦麻
◆ **附加解說**：雌雄蝶體色略同，宜蘭地區較少見。
◆ **相關頁碼**：（上）156

紅擬豹斑蝶
Phalanta phalantha

◆ **科別**：蛺蝶科 Nymphalidae
◆ **展翅直徑**：約5～6公分
◆ **型態特徵**：腹面前翅後緣有兩枚黑斑
◆ **成蝶習性**：喜訪花或停留於濕地吸水
◆ **發生期**：全年
◆ **分佈**：全台平地至海拔六百公尺山區
◆ **族群評估**：常見
◆ **食草**：水柳或其他同屬植物
◆ **附加解說**：雌雄蝶體色略同，以橘黃為主。
◆ **相關頁碼**：（上）252

綠豹斑蝶
Argynnis paphia formosicola

◆ **科別**：蛺蝶科 Nymphalidae
◆ **展翅直徑**：約7～7.5公分
◆ **型態特徵**：雄蝶翅背佈黑斑，腹面下翅帶綠紋。
◆ **成蝶習性**：喜訪花或停留於濕地吸水
◆ **發生期**：6～10月
◆ **分佈**：全台海拔1300～3000公尺山區
◆ **族群評估**：稀有
◆ **食草**：喜岩菫菜或其他同屬植物
◆ **附加解說**：雌蝶翅背黑斑更明顯
◆ **相關頁碼**：（上）56

黑端豹斑蝶
Argyreus hyperbius

◆ **科別**：蛺蝶科 Nymphalidae
◆ **展翅直徑**：約6.5～7.5公分
◆ **型態特徵**：雄蝶翅背佈黑斑，下翅緣藍紋明顯。
◆ **成蝶習性**：喜訪花或停留於濕地吸水
◆ **發生期**：全年
◆ **分佈**：全台平地至海拔三千公尺山區
◆ **族群評估**：常見
◆ **食草**：喜岩菫菜或其他同屬植物
◆ **附加解說**：雌蝶背部前翅有條白紋
◆ **相關頁碼**：（上）56,58

台灣黃斑蛺蝶
Cupha erymanthis

◆ 科別：蛺蝶科 Nymphalidae
◆ 展翅直徑：約5~6公分
◆ 型態特徵：腹面前翅有明顯米黃色斑
◆ 成蝶習性：喜訪花或停留於濕地吸水。
◆ 發生期：全年
◆ 分佈：全台平地至海拔六百公尺山區
◆ 族群評估：常見
◆ 食草：水柳、魯花樹
◆ 附加解說：雌雄蝶體色略同
◆ 相關頁碼：（上）252

淡青孔雀蛺蝶
Junonia atlites

◆ 科別：蛺蝶科 Nymphalidae
◆ 展翅直徑：約5~6公分
◆ 型態特徵：翅背灰白，眼紋10~12枚
◆ 成蝶習性：喜訪花、吸食水分或腐果
◆ 發生期：全年
◆ 分佈：全台平地至海拔五百公尺山區
◆ 族群評估：稀有
◆ 食草：賽山藍、長梗滿天星
◆ 附加解說：族群主要見於恆春半島
◆ 相關頁碼：（上）76

孔雀紋蛺蝶
Junonia almana

◆ 科別：蛺蝶科 Nymphalidae
◆ 展翅直徑：約4.5~5.5公分
◆ 型態特徵：翅背有三枚獨立的圓眼紋
◆ 成蝶習性：喜訪花、吸食水分或腐果。
◆ 發生期：全年
◆ 分佈：全台平地至海拔兩千公尺山區
◆ 族群評估：常見
◆ 食草：泥花草或水蓑衣屬植物
◆ 附加解說：秋季型腹面眼紋消失
◆ 相關頁碼：（上）74,76,88

黑擬蛺蝶
Junonia iphita

- 科別：蛺蝶科 Nymphalidae
- 展翅直徑：約5.5~6公分
- 型態特徵：體翅褐黑，眼紋小。
- 成蝶習性：喜訪花、吸食水分或腐果。
- 發生期：全年
- 分佈：全台平地至海拔2500公尺山區
- 族群評估：常見
- 食草：蘭崁馬蘭、台灣馬蘭
- 附加解說：雌雄蝶體色略同
- 相關頁碼：（上）82,86,88

眼紋擬蛺蝶
Junonia lemonias aenaria

- 科別：蛺蝶科 Nymphalidae
- 展翅直徑：約4.5~5.5公分
- 型態特徵：翅背褐黑，下翅大眼紋不倒
  翁型。
- 成蝶習性：喜訪花、吸食水分或腐果。
- 發生期：全年
- 分佈：全台海拔100~1200公尺山區
- 族群評估：常見
- 食草：台灣鱗球花
- 附加解說：雌雄蝶體色略同
- 相關頁碼：（上）80

孔雀青蛺蝶
Junonia orithya

- 科別：蛺蝶科 Nymphalidae
- 展翅直徑：約4.5~5公分
- 展翅直徑：雄蝶背部下翅亮藍色
- 型態特徵：喜訪花、吸食水分或腐果。
- 發生期：全年
- 分佈：全台平地至三千公尺山區
- 族群評估：常見
- 食草：爵床、鴨舌癀、阿拉伯婆婆納
- 附加解說：雌蝶翅背褐黑，眼紋顯著。
- 相關頁碼：（上）28

白鐮紋蛺蝶

Polygonia c-album asakurai

- ◆ 科別：蛺蝶科 Nymphalidae
- ◆ 展翅直徑：約4公分
- ◆ 型態特徵：翅背褐紅，腹面下翅有枚C紋
- ◆ 成蝶習性：喜訪花、吸食腐果、動物排
  遺、樹液及水分。
- ◆ 發生期：全年
- ◆ 分佈：全台海拔700～3000公尺山區
- ◆ 族群評估：常見
- ◆ 食草：櫸木、阿里山榆
- ◆ 附加解說：雌雄蝶體色略同，分佈於高
  地。
- ◆ 相關頁碼：（上）268

黃蛺蝶

Polygonia c-aureum lunulata

- ◆ 科別：蛺蝶科 Nymphalidae
- ◆ 展翅直徑：約4.5～5.5公分
- ◆ 型態特徵：翅背褐黃，腹面下翅有枚C紋
- ◆ 成蝶習性：喜訪花、吸食腐果、動物排遺、
  樹液及水分。
- ◆ 發生期：全年
- ◆ 分佈：全台平地海拔八百公尺山區
- ◆ 族群評估：常見
- ◆ 食草：葎草
- ◆ 附加解說：雌雄蝶體色略同，分佈於低地。
- ◆ 相關頁碼：（下）8

姬紅蛺蝶

Vanessa cardui

- ◆ 科別：蛺蝶科 Nymphalidae
- ◆ 展翅直徑：約4～5公分
- ◆ 型態特徵：翅背佈橙色斑
- ◆ 成蝶習性：喜訪花、吸食腐果、樹液及
  水分。
- ◆ 發生期：全年
- ◆ 分佈：全台平地至海拔三千公尺山區
- ◆ 族群評估：常見
- ◆ 食草：冬葵、艾草、鼠麴草
- ◆ 附加解說：雌雄蝶體色略同，溫帶蝶種
- ◆ 相關頁碼：（上）54

紅蛺蝶
Vanessa indica
- 科別：蛺蝶科 Nymphalidae
- 展翅直徑：約5～6公分
- 型態特徵：背部下翅褐色，緣橙色。
- 成蝶習性：喜訪花、吸食腐果、樹液及水分。
- 發生期：全年
- 分佈：全台平地至海拔三千公尺山區
- 族群評估：常見
- 食草：水麻、青苧麻、咬人貓
- 附加解說：雌雄蝶體色略同
- 相關頁碼：（上）146

黃帶枯葉蝶
Yoma sabina podium
- 科別：蛺蝶科 Nymphalidae
- 展翅直徑：約5.5～7公分
- 型態特徵：翅背有兩條橙色縱帶
- 成蝶習性：喜訪花、吸食腐果、樹液及水分。
- 發生期：全年
- 分佈：南部海拔50～500公尺山區
- 族群評估：不常見
- 食草：賽山蘭
- 附加解說：雌雄蝶體色略同，熱帶蝶類
- 相關頁碼：（上）76

枯葉蝶
Kallima inachis formosana
- 科別：蛺蝶科 Nymphalidae
- 展翅直徑：約5.5～8.5公分
- 型態特徵：腹面斑紋如枯葉
- 成蝶習性：喜吸食腐果、樹液及水分。
- 發生期：全年
- 分佈：全台海拔50～2000公尺山區
- 族群評估：常見
- 食草：蘭崁馬蘭、台灣馬蘭
- 附加解說：雌雄蝶體色略同，蝶類中頂尖的擬態高手。
- 相關頁碼：（上）82,86

琉璃蛺蝶
Kaniska canace drilon

- ◆ 科別：蛺蝶科 Nymphalidae
- ◆ 展翅直徑：約5~5.5公分
- ◆ 型態特徵：翅背佈琉璃藍縱帶
- ◆ 成蝶習性：喜吸食腐果、動物排遺、樹液及水分。
- ◆ 發生期：全年
- ◆ 分佈：全台平地至海拔三千公尺山區
- ◆ 族群評估：常見
- ◆ 食草：各種菝葜屬或油點草屬植物
- ◆ 附加解說：雌雄蝶體色略同
- ◆ 相關頁碼：（下）86

緋蛺蝶
Nymphalis xanthomelas formosana

- ◆ 科別：蛺蝶科 Nymphalidae
- ◆ 展翅直徑：約5~6公分
- ◆ 型態特徵：背部下翅前緣僅有一枚黑玟
- ◆ 成蝶習性：喜訪花、吸食腐果、動物排遺、樹液及水分。
- ◆ 發生期：5~7月
- ◆ 分佈：全台海拔500~2800公尺山區
- ◆ 族群評估：不常見
- ◆ 食草：各種菝葜屬或油點草屬植物
- ◆ 附加解說：雌雄蝶體色略同，成蝶越冬
- ◆ 相關頁碼：（上）260,264,268

姬黃三線蝶
Symbrenthia hypselis scatinia

- ◆ 科別：蛺蝶科 Nymphalidae
- ◆ 展翅直徑：約3.5~4公分
- ◆ 型態特徵：腹面黑斑明顯
- ◆ 成蝶習性：喜訪花、吸食腐果、動物排遺、樹液及水分。
- ◆ 發生期：全年
- ◆ 分佈：全台海拔50~1500公尺山區
- ◆ 族群評估：常見
- ◆ 食草：糯米團、水麻
- ◆ 附加解說：雌雄蝶體色略同
- ◆ 相關頁碼：（上）18

黃三線蝶
Symbrenthia lilaea formosanus

◆ 科別：蛺蝶科 Nymphalidae
◆ 展翅直徑：約4公分
◆ 型態特徵：腹面黑斑模糊
◆ 成蝶習性：喜訪花、吸食腐果、動物排遺、樹液及水分。
◆ 發生期：全年
◆ 分佈：全台海拔50～1500公尺山區
◆ 族群評估：常見
◆ 食草：糯米團、水麻
◆ 附加解說：雌雄蝶體色略同
◆ 相關頁碼：（上）18,146

八重山紫蛺蝶
Hypolimnas anomala

◆ 科別：蛺蝶科 Nymphalidae
◆ 展翅直徑：約7～8公分
◆ 型態特徵：雌蝶翅背先端紫色
◆ 成蝶習性：喜訪花、吸食腐果、動物排遺、樹液及水分。
◆ 發生期：全年
◆ 分佈：龜山島、蘭嶼、綠島及恆春半島
◆ 族群評估：稀有
◆ 食草：落尾麻
◆ 附加解說：雄蝶翅背暗紅，先端紫紋無或不明顯。
◆ 相關頁碼：（上）148

琉球紫蛺蝶
Hypolimnas bolina kezia

◆ 科別：蛺蝶科 Nymphalidae
◆ 展翅直徑：約6～9公分
◆ 型態特徵：雄蝶翅背有三枚琉璃藍紋，白斑少。
◆ 成蝶習性：喜訪花、吸食腐果、動物排遺及水分。
◆ 發生期：全年
◆ 分佈：全台平地至海拔兩千公尺山區
◆ 族群評估：常見
◆ 食草：糯米團、甘藷
◆ 附加解說：雌蝶翅背先端紫色或白斑型
◆ 相關頁碼：（上）18,68

雌紅紫蛺蝶
Hypolimnas misippus
◆科別：蛺蝶科 Nymphalidae
◆展翅直徑：約6~7公分
◆型態特徵：雄蝶翅背有三枚白色圈紋
◆成蝶習性：喜訪花、吸食腐果、動物排遺及水分。
◆發生期：全年
◆分佈：全台平地至海拔一千公尺山區
◆族群評估：常見
◆食草：馬齒莧
◆附加解說：雌蝶翅背橙紅，模擬樺斑蝶
◆相關頁碼：（上）24,90

朝倉三線蝶
Neptis hesione podarces
◆科別：蛺蝶科 Nymphalidae
◆展翅直徑：約4.5~5.5公分
◆型態特徵：腹面麻斑明顯
◆成蝶習性：喜訪花、吸食動物排遺與水。
◆發生期：5~8月
◆分佈：全台海拔600~2500公尺山區
◆族群評估：稀有
◆食草：未知
◆附加解說：雌雄蝶體色略同

琉球三線蝶
Neptis hylas lulculenta
◆科別：蛺蝶科 Nymphalidae
◆展翅直徑：約4.5~5公分
◆型態特徵：腹面黃紋明顯
◆成蝶習性：喜訪花、吸食動物排遺與水
◆發生期：全年
◆分佈：全島平地至海拔2500公尺山區
◆族群評估：常見
◆食草：波葉山螞蝗、葛藤
◆附加解說：雌雄蝶體色略同
◆相關頁碼：（上）40（下）52

台灣三線蝶
Neptis nata lutatia
◆科別：蛺蝶科 Nymphalidae
◆展翅直徑：約5～5.5公分
◆型態特徵：雄蝶翅背白帶纖細
◆成蝶習性：喜訪花、吸食動物排遺與水
◆發生期：全年
◆分佈：全台平地至海拔2500公尺山區
◆族群評估：常見
◆食草：台灣朴樹、山黃麻
◆附加解說：雌蝶白線較寬大
◆相關頁碼：（上）194,260,264

星點三線蝶
Neptis pryeri jucundita
◆科別：蛺蝶科 Nymphalidae
◆展翅直徑：約4.5～5公分
◆型態特徵：雄蝶背部前翅白斑星點狀
◆成蝶習性：喜訪花、吸食動物排遺與水
◆發生期：5～10月
◆分佈：全台海拔600～2500公尺山區
◆族群評估：不常見
◆食草：笑靨花
◆附加解說：雌蝶體翅較大，幼蟲越冬。
◆相關頁碼：（上）152

小三線蝶
Neptis sappho formosana
◆科別：蛺蝶科 Nymphalidae
◆展翅直徑：約4.5～5.5公分
◆型態特徵：腹面下翅中央白帶連接密集
◆成蝶習性：喜訪花、吸食動物排遺與水
◆發生期：4～11月
◆分佈：全台海拔50～2500公尺山區
◆族群評估：常見
◆食草：葎草、毛胡枝子
◆附加解說：雌蝶體翅較大
◆相關頁碼：（上）46

泰雅三線蝶
Neptis soma tayalina

◆ 科別：蛺蝶科 Nymphalidae
◆ 展翅直徑：約5～5.5公分
◆ 型態特徵：背部前翅三角白紋寬短
◆ 成蝶習性：喜訪花、吸食動物排遺與水
◆ 發生期：4～11月
◆ 分佈：全台海拔50～2500公尺山區
◆ 族群評估：常見
◆ 食草：台灣朴、雀梅藤
◆ 附加解說：雌蝶體翅較大
◆ 相關頁碼：（上）260

埔里三線蝶
Neptis taiwana

◆ 科別：蛺蝶科 Nymphalidae
◆ 展翅直徑：約5.5～6公分
◆ 型態特徵：前翅線紋細長
◆ 成蝶習性：喜訪花、吸食動物排遺與水
◆ 發生期：4～11月
◆ 分佈：全台海拔50～2500公尺山區
◆ 族群評估：常見
◆ 食草：樟樹、台灣雅楠
◆ 附加解說：雌蝶體翅較大
◆ 相關頁碼：（上）238

金三線蝶
Pantoporia hordonia rihodona

◆ 科別：蛺蝶科 Nymphalidae
◆ 展翅直徑：約4～4.5公分
◆ 型態特徵：翅背線條金黃
◆ 成蝶習性：喜訪花、吸食動物排遺與水
◆ 發生期：全年
◆ 分佈：全台海拔50～1000公尺山區
◆ 族群評估：稀有
◆ 食草：藤相思樹
◆ 附加解說：雌雄蝶體色略同
◆ 相關頁碼：（下）40

寬帶三線蝶
Athyma jina sauteri
- ◆科別：蛺蝶科 Nymphalidae
- ◆展翅直徑：約4.7~6公分
- ◆型態特徵：腹面下翅無點狀黑斑
- ◆成蝶習性：喜訪花、吸食動物排遺與水
- ◆發生期：5~8月
- ◆分佈：全台海拔500~2000公尺山區
- ◆族群評估：稀有
- ◆食草：未知
- ◆附加解說：雌雄蝶體色略同

拉拉山三線蝶
Athyma fortuna kodahirai
- ◆科別：蛺蝶科 Nymphalidae
- ◆展翅直徑：約5.5~6.5公分
- ◆型態特徵：翅背白紋帶紫暈
- ◆成蝶習性：喜訪花、吸食動物排遺與水
- ◆發生期：5~8月
- ◆分佈：中部以北海拔500~2000公尺山區
- ◆族群評估：稀有
- ◆食草：呂宋莢蒾
- ◆附加解說：雌雄蝶體色略同
- ◆相關頁碼：（上）164

台灣星三線蝶
Limenitis sulpitia tricula
- ◆科別：蛺蝶科 Nymphalidae
- ◆展翅直徑：約5~6公分
- ◆型態特徵：腹面下翅具點狀黑斑
- ◆成蝶習性：喜訪花、吸食動物排遺與水
- ◆發生期：4~11月
- ◆分佈：全台平地至海拔2500公尺山區
- ◆族群評估：常見
- ◆食草：金銀花或其它同屬植物
- ◆附加解說：雌雄蝶體色略同，幼蟲越冬
- ◆相關頁碼：（下）82

白三線蝶
Athyma perius

◆ 科別：蛺蝶科 Nymphalidae
◆ 展翅直徑：約5.5～6公分
◆ 型態特徵：腹面橙黃，下翅白帶點綴黑
◆ 成蝶習性：喜訪花、吸食動物排遺與水
◆ 發生期：全年
◆ 分佈：全台平地至海拔1500公尺山區
◆ 族群評估：常見
◆ 食草：細葉饅頭果或其他同屬植物
◆ 附加解說：雌雄蝶體色略同
◆ 相關頁碼：（上）214

台灣單帶蛺蝶
Athyma cama zoroastres

◆ 科別：蛺蝶科 Nymphalidae
◆ 展翅直徑：約4.5～6公分
◆ 型態特徵：雄蝶背部前翅有枚紅斑
◆ 成蝶習性：喜訪花、吸食動物排遺與水
◆ 發生期：3～11月
◆ 分佈：全台平地至海拔1500公尺山區
◆ 族群評估：常見
◆ 食草：細葉饅頭果或其他同屬植物
◆ 附加解說：雌蝶翅背佈金黃線條
◆ 相關頁碼：（上）120

小單帶蛺蝶
Athyma selenophora laeta

◆ 科別：蛺蝶科 Nymphalidae
◆ 展翅直徑：約4.5～6公分
◆ 型態特徵：雄蝶背部前翅無紅斑
◆ 成蝶習性：喜訪花、吸食動物排遺與水
◆ 發生期：3～11月
◆ 分佈：全台平地至海拔1500公尺山區
◆ 族群評估：常見
◆ 食草：水金京、風箱樹
◆ 附加解說：雌蝶翅背似平山三線蝶
◆ 相關頁碼：（上）236

紫單帶蛺蝶
Parasarpa dudu jinamitra
◆科別：蛺蝶科 Nymphalidae
◆展翅直徑：約5.5～6.5公分
◆型態特徵：腹面紫色，佈白帶。
◆成蝶習性：喜訪花、吸食動物排遺與水
◆發生期：3～11月
◆分佈：全台平地至海拔2500公尺山區
◆族群評估：不常見
◆食草：金銀花或其他同屬植物
◆附加解說：雌蝶體翅大型許多
◆相關頁碼：（下）82

雄紅三線蝶
Abrota ganga formosana
◆科別：蛺蝶科 Nymphalidae
◆展翅直徑：約5.5～7.5公分
◆型態特徵：雄蝶翅背橙紅，雌蝶似三
　　　　　線蝶類。
◆成蝶習性：喜吸食腐果、動物排遺、
　　　　　樹液及水分。
◆發生期：6～9月
◆分佈：全台海拔400～2500公尺山區
◆族群評估：不常見
◆食草：秀柱花或青剛櫟
◆附加解說：雌蝶體翅較大，幼蟲越冬
　　　　　，一年一世代。
◆相關頁碼：（上）206

台灣綠蛺蝶
Euthalia formosana
◆科別：蛺蝶科 Nymphalidae
◆展翅直徑：約7～8公分
◆型態特徵：翅背淡墨綠，白紋較寬。
◆成蝶習性：喜吸食腐果、動物排遺、
　　　　　樹液及水分。
◆發生期：6～10月
◆分佈：全台海拔400～1500公尺山區
◆族群評估：常見
◆食草：青剛櫟、粗糠柴
◆附加解說：台灣特有種，幼蟲越冬，
　　　　　一年一世代。
◆相關頁碼：（上）174

甲仙綠蛺蝶

Euthalia hebe kosempona

◆ 科別：蛺蝶科 Nymphalidae
◆ 展翅直徑：約5～7公分
◆ 型態特徵：雄蝶翅背墨綠黃
◆ 成蝶習性：喜吸食腐果、動物排遺、
　　　　　　樹液及水分。
◆ 發生期：6～10月
◆ 分佈：全台海拔400～1500公尺山區
◆ 族群評估：不常見
◆ 食草：捲斗櫟
◆ 附加解說：雌蝶近似馬拉巴綠蛺蝶，
　　　　　　幼蟲越冬，一年一世代。
◆ 相關頁碼：（上）184

細帶綠蛺蝶

Euthalia insulae

◆ 科別：蛺蝶科 Nymphalidae
◆ 展翅直徑：約6.5～7.5公分
◆ 型態特徵：翅背淡墨綠，白紋細窄。
◆ 成蝶習性：喜吸食腐果、動物排遺、
　　　　　　樹液及水分。
◆ 發生期：6～10月
◆ 分佈：全台海拔800～2500公尺山區
◆ 族群評估：不常見
◆ 食草：狹葉櫟
◆ 附加解說：台灣特有種，雌雄蝶體色
　　　　　　略同，幼蟲越冬，一年一世代。
◆ 相關頁碼：（上）170,175,186

閃電蝶

Euthalia irrubescens fulguralis

◆ 科別：蛺蝶科 Nymphalidae
◆ 展翅直徑：約5～7公分
◆ 型態特徵：翅背黑色，腹面佈紅斑。
◆ 成蝶習性：喜吸食腐果、動物排遺、樹
　　　　　　液及水分。
◆ 發生期：6～10月
◆ 分佈：全台海拔400～1500公尺山區
◆ 族群評估：稀有
◆ 食草：大葉桑寄生
◆ 附加解說：雌雄蝶體色略同
◆ 相關頁碼：（下）92

馬拉巴綠蛺蝶
Euthalia malapana

◆ 科別：蛺蝶科 Nymphalidae
◆ 展翅直徑：約7.5～8.5公分
◆ 型態特徵：翅背墨綠色，下翅帶紋僅半截
◆ 成蝶習性：喜吸食腐果、動物排遺、樹液及水分
◆ 發生期：7～10月
◆ 分佈：全台海拔800～1500公尺山區
◆ 族群評估：稀有　◆ 食草：未知
◆ 附加解說：台灣特有種，為夢幻蝶類，稀世珍寶。
◆ 相關頁碼：（上）184

石牆蝶
Cyrestis thyodamas formosana

◆ 科別：蛺蝶科 Nymphalidae
◆ 展翅直徑：約4～5公分
◆ 型態特徵：翅背橫縱斑紋交錯，如地圖般。
◆ 成蝶習性：喜吸食腐果、動物排遺、樹液及水分。
◆ 發生期：全年
◆ 分佈：全台平地至海拔兩千公尺山區
◆ 族群評估：常見
◆ 食草：榕樹、珍珠蓮
◆ 附加解說：雌蝶體色偏黃
◆ 相關頁碼：（上）196

流星蛺蝶
Dichorragia nesimachus formosanus

◆ 科別：蛺蝶科 Nymphalidae
◆ 展翅直徑：約5.5～6.5公分
◆ 型態特徵：翅墨綠黑帶紫，緣佈ㄑ字白紋。
◆ 成蝶習性：喜吸食腐果、動物排遺、樹液及水分。
◆ 發生期：5～10月
◆ 分佈：全台海拔100～1500公尺山區
◆ 族群評估：不常見
◆ 食草：山豬肉
◆ 附加解說：雌雄蝶體色略同
◆ 相關頁碼：（上）298

黃頸蛺蝶
Calinaga buddha formosana
◆ 科別：蛺蝶科 Nymphalidae
◆ 展翅直徑：約7～8公分
◆ 型態特徵：頭頸橙紅
◆ 成蝶習性：喜吸食腐果、動物排遺、
　　　　　　樹液及水分。
◆ 發生期：3～5月
◆ 分佈：全台海拔400～2500公尺山區
◆ 族群評估：不常見
◆ 食草：小葉桑
◆ 附加解說：雌雄蝶體色略同，一年一
　　　　　　世代，蛹越冬。
◆ 相關頁碼：（上）198

荒木小紫蛺蝶
Chitoria ulupi arakii
◆ 科別：蛺蝶科 Nymphalidae
◆ 展翅直徑：約5～6.5公分
◆ 型態特徵：雄蝶翅背黑斑顯著，腹面
　　　　　　各有一枚眼紋。
◆ 成蝶習性：喜吸食腐果、動物排遺、
　　　　　　樹液及水分。
◆ 發生期：6～10月
◆ 分佈：全台海拔1200～2500公尺山區
◆ 族群評估：稀有　　◆ 食草：未知
◆ 附加解說：雌蝶僅有白斑型

台灣小紫蛺蝶
Chitoria chrysolora
◆ 科別：蛺蝶科 Nymphalidae
◆ 展翅直徑：約5～6.5公分
◆ 型態特徵：雄蝶翅背黑斑少，腹面各有
　　　　　　一枚眼紋。
◆ 成蝶習性：喜吸食腐果、動物排遺、樹
　　　　　　液及水分。
◆ 發生期：3～11月，南部全年可見
◆ 分佈：全台海拔50～1500公尺山區
◆ 族群評估：常見
◆ 食草：台灣朴、朴樹
◆ 附加解說：雌蝶有黃斑及白斑型
◆ 相關頁碼：（上）260,264

國姓小紫蛺蝶
Helcyra plesseni

◆ 科別：蛺蝶科 Nymphalidae
◆ 展翅直徑：約4.5~6公分
◆ 型態特徵：翅腹銀白，翅背佈帶狀白紋
◆ 成蝶習性：喜吸食腐果、動物排遺、樹液及水分。
◆ 發生期：4~10月
◆ 分佈：全台海拔600~1600公尺山區
◆ 族群評估：稀有
◆ 食草：沙楠子樹
◆ 附加解說：台灣特有種，雌雄蝶體色略同，幼蟲越冬。
◆ 相關頁碼：（上）142

白蛺蝶
Helcyra superba takamukui

◆ 科別：蛺蝶科 Nymphalidae
◆ 展翅直徑：約5~6.5公分
◆ 型態特徵：翅腹銀白，翅背佈黑斑。
◆ 成蝶習性：喜吸食腐果、動物排遺、樹液及水分。
◆ 發生期：4~10月
◆ 分佈：全台海拔200~1600公尺山區
◆ 族群評估：稀有
◆ 食草：沙楠子樹
◆ 附加解說：雌雄蝶體色略同，幼蟲越冬
◆ 相關頁碼：（上）142

豹紋蝶
Timelaea albescens formosana

◆ 科別：蛺蝶科 Nymphalidae
◆ 展翅直徑：約5~5.5公分
◆ 型態特徵：翅背佈豹紋般黑點
◆ 成蝶習性：喜吸食腐果、動物排遺、樹液及水分。
◆ 發生期：3~11月
◆ 分佈：全台海拔50~2000公尺山區
◆ 族群評估：常見
◆ 食草：台灣朴、朴樹、沙楠子樹
◆ 附加解說：雌雄蝶體色略同
◆ 相關頁碼：（上）142,260,264

黃斑蛺蝶
Sephisa chandra androdamas

◆ 科別：蛺蝶科 Nymphalidae
◆ 展翅直徑：約6.5~7.5公分
◆ 型態特徵：雄蝶背部前翅有白色帶紋，下翅橘紅斑。
◆ 成蝶習性：喜吸食腐果、動物排遺、樹液及水分。
◆ 發生期：4~11月
◆ 分佈：全台海拔200~1600公尺山區
◆ 族群評估：不常見　◆ 食草：青剛櫟
◆ 附加解說：雌蝶翅背佈紫藍斑紋，前翅有枚橘紅斑點。
◆ 相關頁碼：（上）175

白裙黃斑蛺蝶　*Sephisa daimio*

◆ 科別：蛺蝶科 Nymphalidae
◆ 展翅直徑：約6.4~7.3公分
◆ 型態特徵：雄蝶翅背以橙色、黑色搭配
◆ 成蝶習性：喜吸食腐果、動物排遺、樹液及水分。
◆ 發生期：6~8月
◆ 分佈：全台海拔1000~2500公尺山區
◆ 族群評估：不常見　◆ 食草：未知
◆ 附加解說：台灣特有種，雌蝶下翅具大型白紋。
◆ 相關頁碼：（上）169

紅星斑蛺蝶
Hestina assimilis formosana

◆ 科別：蛺蝶科 Nymphalidae
◆ 展翅直徑：約7~8公分
◆ 型態特徵：背部下翅有5~6枚紅色C紋
◆ 成蝶習性：喜吸食腐果、動物排遺、樹液及水分。
◆ 發生期：4~11月
◆ 分佈：全台海拔50~1600公尺山區
◆ 族群評估：常見
◆ 食草：台灣朴、朴樹
◆ 附加解說：雌雄蝶體色略同
◆ 相關頁碼：（上）260,264

大紫蛺蝶
Sasakia charonda formosana

◆ 科別：蛺蝶科 Nymphalidae
◆ 展翅直徑：約8~10公分
◆ 型態特徵：雄蝶背部紫藍，白、黃斑點綴
◆ 成蝶習性：喜吸食腐果、動物排遺、樹液及水分。
◆ 發生期：5~8月
◆ 分佈：中部以北及花蓮海拔500~1600公尺山區
◆ 族群評估：稀有
◆ 食草：朴樹
◆ 附加解說：保育蝶類，雌蝶翅背褐黑，白及黃斑點綴。
◆ 相關頁碼：（上）264

雙尾蝶
Polyura eudamippus formosana

◆ 科別：蛺蝶科 Nymphalidae
◆ 展翅直徑：約6~8公分
◆ 型態特徵：腹面銀白
◆ 成蝶習性：喜吸食腐果、動物排遺、樹液及水分。
◆ 發生期：4~10月
◆ 分佈：全台海拔50~1300公尺山區
◆ 族群評估：不常見
◆ 食草：老荊藤
◆ 附加解說：雌雄蝶體色略同
◆ 相關頁碼：（上）46

台灣蝴蝶生態大圖鑑——蛺蝶科

姬雙尾蝶
Polyura narcaea meghaduta

◆ 科別：蛺蝶科 Nymphalidae
◆ 展翅直徑：約6~7公分
◆ 型態特徵：腹面透明帶淡綠
◆ 成蝶習性：喜吸食腐果、動物排遺、樹液及水分。
◆ 發生期：4~10月
◆ 分佈：全台海拔50~2000公尺山區
◆ 族群評估：不常見
◆ 食草：台灣朴、山黃麻
◆ 附加解說：雌雄蝶體色略同
◆ 相關頁碼：（上）194,260,280

小灰蛺蝶科 Riodinidae

台灣小灰蛺蝶
Dodona eugenes formosana

◆ 科別：小灰蛺蝶科 Riodinidae
◆ 展翅直徑：約3～4公分
◆ 型態特徵：腹面佈有白色條紋，下翅尾端黑色。
◆ 成蝶習性：喜訪花、吸水、動物排遺及屍體。
◆ 發生期：全年
◆ 分佈：北部及東北部海拔100～2000公尺山區
◆ 族群評估：稀有
◆ 食草：大明橘
◆ 附加解說：雌雄蝶體色略同，北部亞種體型較大。
◆ 相關頁碼：（上）162

阿里山小灰蛺蝶
Abisara burnii etymander

◆ 科別：小灰蛺蝶科 Riodinidae
◆ 展翅直徑：約3.5～4公分
◆ 型態特徵：翅背紅褐色，後翅外緣有兩枚黑斑。
◆ 成蝶習性：喜吸水、動物排遺、屍體及腐果。
◆ 發生期：4～10月
◆ 分佈：全台海拔400～1300公尺山區
◆ 族群評估：稀有
◆ 食草：小葉鐵仔、賽山椒
◆ 附加解說：雌雄蝶體色略同，宜蘭地區較少見。
◆ 相關頁碼：（上）162

江崎小灰蛺蝶 *Dodona eugenes esak*

◆ 科別：小灰蛺蝶科 Riodinidae
◆ 展翅直徑：約3～3.5公分
◆ 型態特徵：腹面佈米白色條紋，下翅尾端黑色。
◆ 成蝶習性：喜訪花、吸水、動物排遺及屍體
◆ 發生期：全年
◆ 分佈：中部以南海拔200～2500公尺山區
◆ 族群評估：稀有
◆ 食草：小葉鐵仔
◆ 附加解說：雌雄蝶體色略同，中部亞種體型較小。
◆ 相關頁碼：（上）162

長鬚蝶科 Libytheidae

長鬚蝶 *Libythea celtis formosana*
- ◆科別：長鬚蝶科 Libytheidae
- ◆展翅直徑：約4～4.5公分
- ◆型態特徵：下唇鬚發達
- ◆成蝶習性：喜吸食腐果、動物排遺、樹液及水分。
- ◆發生期：4～10月
- ◆分佈：全台海拔50～2500公尺山區
- ◆族群評估：常見
- ◆食草：台灣朴、朴樹、沙楠子樹
- ◆附加解說：雌雄蝶體色略同，台灣僅一種
- ◆相關頁碼：（上）142,260,264

小灰蝶科 Lycaenidae

棋石小灰蝶 *Taraka Hamada thalaba*
- ◆科別：小灰蝶科 Lycaenidae
- ◆展翅直徑：約1.7～2.3公分
- ◆型態特徵：腹面白底點綴黑斑
- ◆成蝶習性：喜吸水
- ◆發生期：全年
- ◆分佈：全台海拔400～1300公尺山區
- ◆族群評估：稀有
- ◆食草：麻竹葉背之竹葉扁蚜
- ◆附加解說：肉食性，雌雄蝶體色略同。
- ◆相關頁碼：（上）132

白紋黑小灰蝶 *Spalgis epeus dilama*
- ◆科別：小灰蝶科 Lycaenidae
- ◆展翅直徑：約2.2～2.5公分
- ◆型態特徵：腹面灰白底，點綴波浪紋。
- ◆成蝶習性：喜吸水
- ◆發生期：全年
- ◆分佈：南部海岸至海拔八百公尺山區
- ◆族群評估：不常見
- ◆食草：血桐葉背之粉介殼蟲
- ◆附加解說：肉食性，主要產於恆春半島
- ◆相關頁碼：（上）218

台灣銀斑小灰蝶　*Curetis brunnea*

◆科別：小灰蝶科 Lycaenidae
◆展翅直徑：約3.6～4.2公分
◆型態特徵：腹面銀白，翅背褐底，橙紅斑無或不明顯。
◆成蝶習性：喜吸水、動物排遺、樹液、屍體或偶爾訪花。
◆發生期：4～10月
◆分佈：全台海拔500～1500公尺山區
◆族群評估：稀有
◆食草：老荊藤之花苞
◆附加解說：台灣特有種，雌蝶翅背褐底佈白紋。
◆相關頁碼：（下）46

紅邊黃小灰蝶
Heliophorus ila matsumurae

◆科別：小灰蝶科 Lycaenidae
◆展翅直徑：約2.5～3公分
◆型態特徵：腹面鮮黃，外緣紅色。
◆成蝶習性：喜訪花、吸水、動物排遺、屍體。
◆發生期：全年
◆分佈：全台平地至海拔3500公尺山區
◆族群評估：常見
◆食草：火炭母草、虎杖
◆附加解說：雌蝶背部上翅佈紅斑
◆相關頁碼：（上）20

銀斑小灰蝶
Curetis acuta formosana

◆科別：小灰蝶科 Lycaenidae
◆展翅直徑：約4～4,5公分
◆型態特徵：腹面銀白，翅背褐底佈橙紅斑。
◆成蝶習性：喜吸水、動物排遺、樹液、屍體或偶爾訪花。
◆發生期：全年
◆分佈：全台海岸至海拔一千公尺山區
◆族群評估：不常見
◆食草：老荊藤之花苞
◆附加解說：雌蝶翅背褐底佈白紋
◆相關頁碼：（下）46

白底青小灰蝶
Arhopala ganesa formosana
◆ 科別：小灰蝶科 Lycaenidae
◆ 展翅直徑：約2.4～2.8公分
◆ 型態特徵：腹面白底佈圈紋，翅背青藍黑緣。
◆ 成蝶習性：喜吸水
◆ 發生期：4～7月
◆ 分佈：全台海拔1000～3000公尺山區
◆ 族群評估：稀有
◆ 食草：赤皮
◆ 附加解說：成蝶越冬，雌雄蝶斑紋略同
◆ 相關頁碼：（上）170

朝倉小灰蝶
Arhopala birmana asakurae
◆ 科別：小灰蝶科 Lycaenidae
◆ 展翅直徑：約2.6～3公分
◆ 型態特徵：翅背紫藍黑緣，有尾。
◆ 成蝶習性：喜吸水
◆ 發生期：全年
◆ 分佈：全台海拔500～1500公尺山區
◆ 族群評估：稀有
◆ 食草：青剛櫟
◆ 附加解說：成蝶越冬，雌雄蝶斑紋略同
◆ 相關頁碼：（上）175

紫小灰蝶
Arhopala japonica
◆ 科別：小灰蝶科 Lycaenidae
◆ 展翅直徑：約3～3.2公分
◆ 型態特徵：翅背紫藍黑緣，無尾。
◆ 成蝶習性：喜吸水、樹液或訪花。
◆ 發生期：全年
◆ 分佈：全台海拔200～2500公尺山區
◆ 族群評估：常見
◆ 食草：青剛櫟
◆ 附加解說：成蝶越冬，雌雄蝶斑紋略同
◆ 相關頁碼：（上）175

紫燕蝶
Arhopala bazalus turbata

◆ 科別：小灰蝶科 Lycaenidae
◆ 展翅直徑：約3.8~4.2公分
◆ 型態特徵：翅背紫藍黑緣，有尾，缸角微突起。
◆ 成蝶習性：喜吸水、樹液或訪花。
◆ 發生期：全年
◆ 分佈：全台海拔200~2500公尺山區
◆ 族群評估：不常見
◆ 食草：短尾葉石櫟
◆ 附加解說：成蝶越冬，雌雄蝶斑紋略同
◆ 相關頁碼：（上）190

凹翅紫小灰蝶
Mahathala ameria hainani

◆ 科別：小灰蝶科 Lycaenidae
◆ 展翅直徑：約2.8~3.5公分
◆ 型態特徵：下翅前緣及內緣凹翅狀
◆ 成蝶習性：喜訪花、吸水或樹液。
◆ 發生期：全年
◆ 分佈：全台海拔50~800公尺山區
◆ 族群評估：常見
◆ 食草：扛香藤
◆ 附加解說：雌雄蝶斑紋略同
◆ 相關頁碼：（下）54

紅小灰蝶
Japonica patungkoanui

◆ 科別：小灰蝶科 Lycaenidae
◆ 展翅直徑：約2.8~3公分
◆ 型態特徵：翅背橙紅，近缸角有黑點。
◆ 成蝶習性：喜吸水、樹液或訪花。
◆ 發生期：5~9月
◆ 分佈：全台海拔1300~2800公尺山區
◆ 族群評估：稀有
◆ 食草：狹葉櫟、青剛櫟
◆ 附加解說：台灣特有種，卵越冬，雌雄蝶斑紋略同。
◆ 相關頁碼：（上）175,180,186

台灣紅小灰蝶
Cordelia comes wilemaniellai

- ◆科別：小灰蝶科 Lycaenidae
- ◆展翅直徑：約2.5~2.8公分
- ◆型態特徵：翅背橙紅，近缸角無黑點。
- ◆成蝶習性：喜吸水、樹液或訪花。
- ◆發生期：5~9月
- ◆分佈：全台海拔1300~2500公尺山區
- ◆族群評估：稀有
- ◆食草：阿里山千金榆
- ◆附加解說：卵越冬，雌雄蝶斑紋略同。
- ◆相關頁碼：（上）256

翅底三線小灰蝶
Wagimo sulgeri insularis

- ◆科別：小灰蝶科 Lycaenidae
- ◆展翅直徑：約2.6~2.8公分
- ◆型態特徵：腹面佈白色條狀紋
- ◆成蝶習性：喜吸水、樹液。
- ◆發生期：6~8月
- ◆分佈：全台海拔1400~2800公尺山區
- ◆族群評估：稀有
- ◆食草：狹葉櫟
- ◆附加解說：卵越冬，雌雄蝶斑紋略同。
- ◆相關頁碼：（上）186

白小灰蝶
Ravenna nivea

- ◆科別：小灰蝶科 Lycaenidae
- ◆展翅直徑：約3~3.5公分
- ◆型態特徵：翅背白色，黑緣，前翅有條短黑紋。
- ◆成蝶習性：喜吸水、樹液
- ◆發生期：5~8月
- ◆分佈：全台海拔800~2500公尺山區
- ◆族群評估：稀有
- ◆食草：青剛櫟、狹葉櫟
- ◆附加解說：卵越冬，雌蝶翅背藍紫色
- ◆相關頁碼：（上）175,180,186

黑底小灰蝶

Iratsume orsedice suzukii

◆ 科別：小灰蝶科 Lycaenidae
◆ 展翅直徑：約3～3.3公分
◆ 型態特徵：腹面灰黑，背部前翅外緣
　　　　　　黑色。
◆ 成蝶習性：喜吸水、樹液。
◆ 發生期：6～8月
◆ 分佈：全台海拔1500～2800公尺山區
◆ 族群評估：稀有
◆ 食草：水絲梨
◆ 附加解說：卵越冬，雌蝶背部前翅端
　　　　　　黑紋較多。
◆ 相關頁碼：（上）208

姬白小灰蝶

Leucantigus atayalicus

◆ 科別：小灰蝶科 Lycaenidae
◆ 展翅直徑：約3～3.5公分
◆ 型態特徵：腹面白底佈波浪紋，背下翅
　　　　　　有枚大黑斑。
◆ 成蝶習性：喜吸水、樹液。
◆ 發生期：4～7月
◆ 分佈：全台海拔800～1500公尺山區
◆ 族群評估：稀有
◆ 食草：青剛櫟、狹葉櫟
◆ 附加解說：卵越冬，雌雄蝶斑紋略同。
◆ 相關頁碼：（上）175,180

伏氏綠小灰蝶

Euaspa forsteri

◆ 科別：小灰蝶科 Lycaenidae
◆ 展翅直徑：約3～3.5公分
◆ 型態特徵：背前翅佈紫藍，先端兩枚紅
　　　　　　點，黑緣。
◆ 成蝶習性：喜吸水、樹液。
◆ 發生期：6～8月
◆ 分佈：中部以北海拔1000～1600公尺山區
◆ 族群評估：稀有
◆ 食草：長尾尖葉櫧
◆ 附加解說：卵越冬，雌雄蝶斑紋略同。
◆ 相關頁碼：（上）168

台灣單帶小灰蝶
Euaspa milionia formosana
◆科別：小灰蝶科 Lycaenidae
◆展翅直徑：約2.3～2.7公分
◆型態特徵：翅中央貫穿寬白帶
◆成蝶習性：喜訪花、吸水、樹液。
◆發生期：6～8月
◆分佈：全台海拔1000～2800公尺山區
◆族群評估：稀有
◆食草：狹葉櫟
◆附加解說：卵越冬，雌雄蝶斑紋略同。
◆相關頁碼：（上）180

阿里山長尾小灰蝶
Teratozephyrus arisanus
◆科別：小灰蝶科 Lycaenidae
◆展翅直徑：約2.5～3公分
◆型態特徵：腹面白色，背黑褐色。
◆成蝶習性：喜吸水、樹液或訪花。
◆發生期：6～8月
◆分佈：全台海拔1300～2800公尺山區
◆族群評估：稀有
◆食草：狹葉櫟
◆附加解說：卵越冬，雌蝶背前翅佈兩
　　　　　　枚紅點。
◆相關頁碼：（上）186

玉山長尾小灰蝶
Teratozephyrus yugaii
◆科別：小灰蝶科 Lycaenidae
◆展翅直徑：約2.5～3公分
◆型態特徵：腹面褐色，佈白帶，背黑
　　　　　　褐色，有帶狀紋。
◆成蝶習性：喜吸水、樹液或訪花。
◆發生期：6～8月
◆分佈：全台海拔1300～2800公尺山區
◆族群評估：稀有
◆食草：狹葉櫟
◆附加解說：台灣特有種，卵越冬，雌
　　　　　　蝶背前翅佈三枚紅點。
◆相關頁碼：（上）186

台灣蝴蝶生態大圖鑑——小灰蝶科

寬邊綠小灰蝶
Neozephyrus taiwanus
- ◈ 科別：小灰蝶科 Lycaenidae
- ◈ 展翅直徑：約3.2~3.6公分
- ◈ 型態特徵：翅背深亮綠，寬黑緣。
- ◈ 成蝶習性：喜吸水、樹液或訪花。
- ◈ 發生期：6~9月
- ◈ 分佈：全台海拔1200~2800公尺山區
- ◈ 族群評估：不常見
- ◈ 食草：台灣赤楊
- ◈ 附加解說：台灣特有種，卵越冬，雌蝶
翅背佈藍紋。
- ◈ 相關頁碼：（上）254

單帶綠小灰蝶
Chrysozephyrus splendidulus
- ◈ 科別：小灰蝶科 Lycaenidae
- ◈ 展翅直徑：約3.3~3.5公分
- ◈ 型態特徵：翅背亮綠模糊，有帶紋，腹
面白帶明顯。
- ◈ 成蝶習性：喜吸水、樹液。
- ◈ 發生期：6~8月
- ◈ 分佈：北部及東北部海拔1000~1800公
尺山區
- ◈ 族群評估：稀有
- ◈ 食草：赤皮
- ◈ 附加解說：卵越冬，雌蝶背部前翅佈藍紋
- ◈ 相關頁碼：（上）170

蓬萊綠小灰蝶
Chrysozephyrus ataxus lingi
- ◈ 科別：小灰蝶科 Lycaenidae
- ◈ 展翅直徑：約3.4~3.8公分
- ◈ 型態特徵：翅背深亮綠，寬黑緣，腹
下翅幾乎由白紋構成。
- ◈ 成蝶習性：喜吸水、樹液。
- ◈ 發生期：6~8月
- ◈ 分佈：北部及東北部海拔1000~1800
公尺山區
- ◈ 族群評估：稀有
- ◈ 食草：赤皮
- ◈ 附加解說：卵越冬，雌蝶背部前翅佈
藍紋。
- ◈ 相關頁碼：（上）170

霧社綠小灰蝶
Chrysozephyrus mushaellus

◆科別：小灰蝶科 Lycaenidae
◆展翅直徑：約3.5~4公分
◆型態特徵：翅背深亮綠，細黑緣。
◆成蝶習性：喜吸水、樹液。
◆發生期：6~8月
◆分佈：全台海拔1000~2000公尺山區
◆族群評估：稀有
◆食草：短尾葉石櫟
◆附加解說：卵越冬，雌蝶背部前翅佈
　　　　　　藍紋，無紅斑。
◆相關頁碼：（上）190

江崎綠小灰蝶
Chrysozephyrus esakii

◆科別：小灰蝶科 Lycaenidae
◆展翅直徑：約3.5~4公分
◆型態特徵：翅背深亮綠，細黑緣。
◆成蝶習性：喜吸水、樹液。
◆發生期：6~8月
◆分佈：全台海拔1300~2800公尺山區
◆族群評估：稀有
◆食草：狹葉櫟
◆附加解說：卵越冬，雌蝶背部前翅褐
　　　　　　底，先端兩枚紅斑。
◆相關頁碼：（上）175,180,186

台灣綠小灰蝶
*Chrysozephyrus disparatus
pseudotaiwanus*

◆科別：小灰蝶科 Lycaenidae
◆展翅直徑：約3~3.5公分
◆型態特徵：翅背淺亮綠，細黑緣。
◆成蝶習性：喜吸水、樹液。
◆發生期：6~8月
◆分佈：全台海拔1000~2000公尺山區
◆族群評估：稀有
◆食草：青剛櫟
◆附加解說：卵越冬，雌蝶背部前翅佈藍
　　　　　　紋，先端兩枚紅斑。
◆相關頁碼：（上）175,180,186

西風綠小灰蝶
Chrysozephyrus nichikaze

◆科別：小灰蝶科 Lycaenidae
◆展翅直徑：約3~3.4公分
◆型態特徵：翅背深亮綠，下翅寬黑緣
◆成蝶習性：喜吸水、樹液
◆發生期：6~8月
◆分佈：全台海拔1000~2500公尺山區
◆族群評估：稀有
◆食草：山櫻花
◆附加解說：卵越冬，雌蝶背部前翅藍
　　　　　　紋兩枚，紅斑兩枚。
◆相關頁碼：（上）278

夸父綠小灰蝶
Sibataniozephyrus kuafui

◆科別：小灰蝶科 Lycaenidae
◆展翅直徑：約3.2~3.6公分
◆型態特徵：翅背亮水藍色
◆成蝶習性：喜吸水、樹液
◆發生期：5~7月
◆分佈：北部及東北部海拔1400~2000公
　　　　尺山區
◆族群評估：稀有
◆食草：山毛櫸
◆附加解說：台灣特有種，卵越冬，雌蝶
　　　　　　翅背褐黑色。
◆相關頁碼：（上）258

清金綠小灰蝶
Chrysozephyrus yuchingkinus

◆科別：小灰蝶科 Lycaenidae
◆展翅直徑：約3.2~3.6公分
◆型態特徵：翅背黑色，有帶紋。
◆成蝶習性：喜吸水、樹液
◆發生期：6~8月
◆分佈：中部以北海拔1400~2000公尺山區
◆族群評估：稀有
◆食草：錐果櫟
◆附加解說：台灣特有種，卵越冬，雌
　　　　　　雄蝶斑紋略同。
◆相關頁碼：（上）180

歪紋小灰蝶

Amblopala avidiena y-fasciata

◆科別：小灰蝶科 Lycaenidae
◆展翅直徑：約2.6～3公分
◆型態特徵：腹面下翅具Y字紋
◆成蝶習性：喜吸水、樹液
◆發生期：2～5月
◆分佈：全台海拔600～2000公尺山區
◆族群評估：稀有
◆食草：合歡
◆附加解說：蛹越冬，雌雄蝶斑紋略同
◆相關頁碼：（上）280

褐底青小灰蝶

Tajuria caeruela

◆科別：小灰蝶科 Lycaenidae
◆展翅直徑：約2.8～3.4公分
◆型態特徵：腹面深褐底，佈白帶。
◆成蝶習性：喜訪花、吸水、樹液
◆發生期：4～10月
◆分佈：全台海拔400～2000公尺山區
◆族群評估：稀有
◆食草：大葉桑寄生
◆附加解說：台灣特有種，成蝶越冬，雌雄蝶斑紋略同。
◆相關頁碼：（上）92,96

花蓮青小灰蝶

Tajuria diaeus karenkonis

◆科別：小灰蝶科 Lycaenidae
◆展翅直徑：約2.8～3.1公分
◆型態特徵：腹面白底，佈黑帶。
◆成蝶習性：喜訪花、吸水、樹液
◆發生期：4～10月
◆分佈：全台海拔400～2500公尺山區
◆族群評估：稀有
◆食草：高氏桑寄生、松寄生
◆附加解說：成蝶越冬，雌蝶背部前翅佈白紋。
◆相關頁碼：（上）90

漣紋小灰蝶

Tajuria illurgis tattaka

◈ 科別：小灰蝶科 Lycaenidae
◈ 展翅直徑：約3.2～3.6公分
◈ 型態特徵：腹面白底，無帶紋。
◈ 成蝶習性：喜訪花、吸水、樹液
◈ 發生期：4～10月
◈ 分佈：全台海拔1000～2800公尺山區
◈ 族群評估：稀有
◈ 食草：杜鵑桑寄生、忍冬葉桑寄生
◈ 附加解說：成蝶越冬，雌雄蝶斑紋略同
◈ 相關頁碼：（下）96

黑星琉璃小灰蝶

Ancema ctesia cakravasti

◈ 科別：小灰蝶科 Lycaenidae
◈ 展翅直徑：約2.8～3.3公分
◈ 型態特徵：背部前翅藍紋中佈黑圓斑
◈ 成蝶習性：喜訪花、吸水、樹液
◈ 發生期：4～10月
◈ 分佈：全台海拔600～1600公尺山區
◈ 族群評估：稀有
◈ 食草：槲櫟柿寄生
◈ 附加解說：成蝶越冬，雌蝶背部前翅
　　　　　　藍紋中佈白斑。
◈ 相關頁碼：（下）100

雙尾琉璃小灰蝶

Hypolycaena kina inari

◈ 科別：小灰蝶科 Lycaenidae
◈ 展翅直徑：約2.3～2.6公分
◈ 型態特徵：背部下翅緣有枚黑斑
◈ 成蝶習性：喜吸水、樹液偶爾訪花
◈ 發生期：3～11月
◈ 分佈：全台海拔400～1300公尺山區
◈ 族群評估：不常見
◈ 食草：扁球羊耳蒜、風蘭屬植物
◈ 附加解說：成蝶越冬，雌蝶翅背佈白紋
◈ 相關頁碼：（下）102

淡黑小灰蝶
Deudorix rapaloides
- ◈ 科別：小灰蝶科 Lycaenidae
- ◈ 展翅直徑：約3~3.5公分
- ◈ 型態特徵：腹面灰底，背淡藍。
- ◈ 成蝶習性：喜訪花、吸水、樹液
- ◈ 發生期：4~10月
- ◈ 分佈：全台海拔800~1600公尺山區
- ◈ 族群評估：稀有
- ◈ 食草：大頭茶
- ◈ 附加解說：雌蝶腹面白底，背褐色。
- ◈ 相關頁碼：（上）204

恆春小灰蝶
Deudorix epijarbas menesicles
- ◈ 科別：小灰蝶科 Lycaenidae
- ◈ 展翅直徑：約3~3.8公分
- ◈ 型態特徵：背部橙紅，前翅寬黑緣。
- ◈ 成蝶習性：喜訪花、吸水、樹液
- ◈ 發生期：全年
- ◈ 分佈：全台平地至海拔2800公尺山區
- ◈ 族群評估：常見
- ◈ 食草：龍眼、無患子、山龍眼
- ◈ 附加解說：雌蝶翅背褐色
- ◈ 相關頁碼：（上）248,294

象底小灰蝶
Artipe eryx horiella
- ◈ 科別：小灰蝶科 Lycaenidae
- ◈ 展翅直徑：約3~3.8公分
- ◈ 型態特徵：腹面綠底
- ◈ 成蝶習性：喜訪花、吸水、樹液
- ◈ 發生期：全年
- ◈ 分佈：全台平地至海拔1300公尺山區
- ◈ 族群評估：常見
- ◈ 食草：山黃梔
- ◈ 附加解說：雌蝶背部下翅三或四枚白紋

嘉義小灰蝶
Sinthusa chandrana kuyaniana
◈ 科別：小灰蝶科 Lycaenidae
◈ 展翅直徑：約2～2.6公分
◈ 型態特徵：背部下翅佈深藍紋
◈ 成蝶習性：喜訪花、吸水、樹液
◈ 發生期：4～10月
◈ 分佈：全台海拔400～2500公尺山區
◈ 族群評估：不常見
◈ 食草：台灣懸鉤子
◈ 附加解說：雌蝶背部褐色無藍紋
◈ 相關頁碼：（下）36

平山小灰蝶
Rapala nissa hirayamana
◈ 科別：小灰蝶科 Lycaenidae
◈ 展翅直徑：約3～3.4公分
◈ 型態特徵：腹面淺褐黃為底，白帶紋纖細。
◈ 成蝶習性：喜訪花、吸水、樹液
◈ 發生期：全年
◈ 分佈：全台海拔50～2500公尺山區
◈ 族群評估：常見
◈ 食草：波葉山螞蝗
◈ 附加解說：雌蝶背部前翅有枚紅斑
◈ 相關頁碼：（上）40

墾丁小灰蝶
Rapala varuna formosana
◈ 科別：小灰蝶科 Lycaenidae
◈ 展翅直徑：約2.5～3.2公分
◈ 型態特徵：腹部佈白波浪紋
◈ 成蝶習性：喜訪花、吸水、樹液
◈ 發生期：全年
◈ 分佈：全台海拔50～3000公尺山區
◈ 族群評估：常見
◈ 食草：山黃麻、桶鉤藤
◈ 附加解說：雌蝶背部前翅無紅斑
◈ 相關頁碼：（上）194,294（下）64

高砂小灰蝶
Rapala takasagonis

◈ 科別：小灰蝶科 Lycaenidae
◈ 展翅直徑：約3～3.6公分
◈ 型態特徵：腹面深褐黃為底，白帶紋明顯
◈ 成蝶習性：喜訪花、吸水、樹液
◈ 發生期：4～11月
◈ 分佈：全台海拔500～3000公尺山區
◈ 族群評估：不常見
◈ 食草：未知
◈ 附加解說：台灣特有種，雌蝶背部前翅
　　　　　　無紅斑。

白底烏小灰蝶
Satyrium austrinum

◈ 科別：小灰蝶科 Lycaenidae
◈ 展翅直徑：約2.5～2.8公分
◈ 型態特徵：腹面灰白為底，背部前翅
　　　　　　有橘紅斑。
◈ 成蝶習性：喜訪花、吸水、樹液
◈ 發生期：3～5月
◈ 分佈：全台海拔500～1500公尺山區
◈ 族群評估：稀有
◈ 食草：櫟木
◈ 附加解說：卵越冬，雌雄蝶斑紋略同
◈ 相關頁碼：（上）268

霧社烏小灰蝶
Satyrium eximium mushanum

◈ 科別：小灰蝶科 Lycaenidae
◈ 展翅直徑：約2.5～3公分
◈ 型態特徵：腹面下翅白帶三條，翅背褐色
◈ 成蝶習性：喜訪花、吸水、樹液
◈ 發生期：4～10月
◈ 分佈：全台海拔500～2000公尺山區
◈ 族群評估：稀有
◈ 食草：小葉鼠李
◈ 附加解說：卵越冬，雌雄蝶斑紋略同。
◈ 相關頁碼：（下）66

蓬萊烏小灰蝶
Satyrium formosanum

◆ 科別：小灰蝶科 Lycaenidae
◆ 展翅直徑：約3～3.7公分
◆ 型態特徵：腹面前翅黑斑圓形，3～5枚。
◆ 成蝶習性：喜訪花、吸水、樹液
◆ 發生期：4～10月
◆ 分佈：全台海拔50～2000公尺山區
◆ 族群評估：不常見
◆ 食草：無患子
◆ 附加解說：卵越冬，雌雄蝶斑紋略同。
◆ 相關頁碼：（上）294

田中烏小灰蝶
Satyrium tanakai

◆ 科別：小灰蝶科 Lycaenidae
◆ 展翅直徑：約2.4～2.6公分
◆ 型態特徵：腹面下翅白帶二條，翅背褐色。
◆ 成蝶習性：喜訪花、吸水、樹液
◆ 發生期：4～6月
◆ 分佈：全台海拔500～2000公尺山區
◆ 族群評估：稀有
◆ 食草：樟葉槭
◆ 附加解說：卵越冬，雌雄蝶斑紋略同。
◆ 相關頁碼：（上）228

渡氏烏小灰蝶
Fixsenia watarii

◆ 科別：小灰蝶科 Lycaenidae
◆ 展翅直徑：約2.5～2.8公分
◆ 型態特徵：背部上下翅各有枚大型紅紋
◆ 成蝶習性：喜訪花、吸水、樹液
◆ 發生期：4～7月
◆ 分佈：全台海拔500～2000公尺山區
◆ 族群評估：稀有
◆ 食草：笑靨花
◆ 附加解說：卵越冬，雌雄蝶斑紋略同。
◆ 相關頁碼：（上）152

姬三尾小灰蝶
Horaga albimacula triumphalis
◆ 科別：小灰蝶科 Lycaenidae
◆ 展翅直徑：約2.3～2.8公分
◆ 型態特徵：腹面下翅銀斑較為亮麗
◆ 成蝶習性：喜訪花、吸水、樹液
◆ 發生期：全年
◆ 分佈：全台海拔100～1200公尺山區
◆ 族群評估：稀有
◆ 食草：桶鉤藤、山櫻花
◆ 附加解說：雌雄蝶斑紋略同
◆ 相關頁碼：（上）228,278（下）64

三尾小灰蝶
Horaga onyx moltrechti
◆ 科別：小灰蝶科 Lycaenidae
◆ 展翅直徑：約2.8～3.2公分
◆ 型態特徵：翅背藍紋亮麗
◆ 成蝶習性：喜訪花、吸水、樹液
◆ 發生期：全年
◆ 分佈：全台海拔100～1300公尺山區
◆ 族群評估：稀有
◆ 食草：桶鉤藤、阿勃勒
◆ 附加解說：雌雄蝶斑紋略同
◆ 相關頁碼：（上）282,298（下）64

拉拉山三尾小灰蝶
Horaga rarasana
◆ 科別：小灰蝶科 Lycaenidae
◆ 展翅直徑：約2.8～3.2公分
◆ 型態特徵：腹部白底，邊緣褐帶紋。
◆ 成蝶習性：喜訪花、吸水、樹液
◆ 發生期：5～7月
◆ 分佈：全台海拔700～2000公尺山區
◆ 族群評估：稀有
◆ 食草：大花灰木
◆ 附加解說：雌雄蝶斑紋略同
◆ 相關頁碼：（上）232

錄帶三尾小灰蝶
Catapaecilma major moltrechti

◆ **科別**：小灰蝶科 Lycaenidae
◆ **展翅直徑**：約2～2.5公分
◆ **型態特徵**：腹面帶狀斑紋銀白色
◆ **成蝶習性**：喜吸水、樹液或偶爾訪花
◆ **發生期**：3～10月
◆ **分佈**：全台海拔50～1300公尺山區
◆ **族群評估**：稀有
◆ **食草**：可能與螞蟻共生，肉食性。
◆ **附加解說**：雌雄蝶斑紋略同，蘭嶼分佈
　　　　　　較普遍。
◆ **相關頁碼**：（上）227

台灣雙尾燕蝶
Spindasis lohita formosana

◆ **科別**：小灰蝶科 Lycaenidae
◆ **展翅直徑**：約2.7～3.3公分
◆ **型態特徵**：腹面內側長圓斑連接
◆ **成蝶習性**：喜訪花、吸水、樹液
◆ **發生期**：全年
◆ **分佈**：全台海拔50～1300公尺山區
◆ **族群評估**：不常見
◆ **食草**：細葉饅頭果
◆ **附加解說**：雌雄蝶斑紋略同，與螞蟻
　　　　　　共生。
◆ **相關頁碼**：（上）214

姬雙尾燕蝶
Spindasis kuyanianus

◆ **科別**：小灰蝶科 Lycaenidae
◆ **展翅直徑**：約2.3～2.8公分
◆ **型態特徵**：腹面帶狀紋理黃色
◆ **成蝶習性**：喜訪花、吸水、樹液
◆ **發生期**：全年
◆ **分佈**：全台海拔200～1300公尺山區
◆ **族群評估**：稀有
◆ **食草**：羅氏鹽膚木
◆ **附加解說**：台灣特有種，雌雄蝶斑紋略
　　　　　　同，與螞蟻共生。
◆ **相關頁碼**：（上）226

三星雙尾燕蝶
Spindasis syama
◆ 科別：小灰蝶科 Lycaenidae
◆ 展翅直徑：約2.7～3.3公分
◆ 型態特徵：腹面內側長圓斑三枚，無連接
◆ 成蝶習性：喜訪花、吸水、樹液
◆ 發生期：全年
◆ 分佈：全台海拔50～1300公尺山區
◆ 族群評估：常見
◆ 食草：鬼針草
◆ 附加解說：雌雄蝶斑紋略同，與螞蟻共生
◆ 相關頁碼：（上）92

埔里波紋小灰蝶
Nacaduba kurava therasia
◆ 科別：小灰蝶科 Lycaenidae
◆ 展翅直徑：約2.7～3.1公分
◆ 型態特徵：翅背淡紫色，無黑斑。
◆ 成蝶習性：喜訪花、吸水、樹液
◆ 發生期：全年
◆ 分佈：全台平地至海拔兩千公尺山區
◆ 族群評估：常見
◆ 食草：樹杞、春不老
◆ 附加解說：雌蝶翅背黑寬緣
◆ 相關頁碼：（上）230

曲波小灰蝶
Catopyrops almora
◆ 科別：小灰蝶科 Lycaenidae
◆ 展翅直徑：約2.4～2.8公分
◆ 型態特徵：腹面白色波紋特別明顯
◆ 成蝶習性：喜訪花、吸水
◆ 發生期：全年
◆ 分佈：蘭嶼
◆ 族群評估：不常見
◆ 食草：紅葉藤、蘭嶼牛栓藤
◆ 附加解說：秋季數量特別多產
◆ 相關頁碼：（上）38

姬波紋小灰蝶
Prosotas nora formosana
◆科別：小灰蝶科 Lycaenidae
◆展翅直徑：約2～2.5公分
◆型態特徵：翅背紫褐色，雌蝶腹面黃褐
◆成蝶習性：喜訪花、吸水
◆發生期：全年
◆分佈：全台平地至海拔兩千公尺山區
◆族群評估：常見
◆食草：合歡、鴨腱藤、老荊藤
◆附加解說：波紋小灰蝶類中最袖珍的成
◆相關頁碼：（上）280（下）42,46

白波紋小灰蝶
Jamides alecto dromicus
◆科別：小灰蝶科 Lycaenidae
◆展翅直徑：約3.2～3.8公分
◆型態特徵：翅背水青色，雌蝶前翅寬
　　　　　　黑緣。
◆成蝶習性：喜訪花、吸水
◆發生期：全年
◆分佈：全台平地至海拔兩千公尺山區
◆族群評估：常見
◆食草：月桃、野薑花
◆附加解說：幼蟲攝食花苞與果肉
◆相關頁碼：（上）96,98

小白波紋小灰蝶
Jamides celeno
◆科別：小灰蝶科 Lycaenidae
◆展翅直徑：約2.8～3.4公分
◆型態特徵：翅背白色，雌蝶前翅寬黑緣
◆成蝶習性：喜訪花、吸水
◆發生期：全年
◆分佈：全台平地至海拔一千公尺山區
◆族群評估：常見
◆食草：曲毛豇豆
◆附加解說：幼蟲攝食花苞與果肉
◆相關頁碼：（下）52

琉璃波紋小灰蝶
Jamides bochus formosanus

◆科別：小灰蝶科 Lycaenidae
◆展翅直徑：約2.5～3公分
◆型態特徵：翅背亮麗藍紋，雌蝶較黯淡。
◆成蝶習性：喜訪花、吸水
◆發生期：全年
◆分佈：全台平地至海拔兩千公尺山區
◆族群評估：常見
◆食草：老荊藤、葛藤
◆附加解說：幼蟲攝食花苞
◆相關頁碼：（下）46,50

淡青長尾波紋小灰蝶
Catochrysops panormus exiguus

◆科別：小灰蝶科 Lycaenidae
◆展翅直徑：約2.7～3公分
◆型態特徵：翅背水藍色，下翅黑紋一枚
◆成蝶習性：喜訪花、吸水
◆發生期：全年
◆分佈：南部平地至海拔三百公尺山區
◆族群評估：不常見
◆食草：肥豬豆
◆附加解說：幼蟲攝食花苞
◆相關頁碼：（下）50

白尾小灰蝶
Euchrysops cnejus

◆科別：小灰蝶科 Lycaenidae
◆展翅直徑：約2.5～2.8公分
◆型態特徵：腹面下翅近基部黑點三枚
◆成蝶習性：喜訪花、吸水
◆發生期：全年
◆分佈：南部、東部平地至海拔300公尺山區
◆族群評估：不常見
◆食草：肥豬豆
◆附加解說：幼蟲攝食花苞，雌蝶翅背水
　　　　　藍色。
◆相關頁碼：（下）50

波紋小灰蝶
Lampides boeticus

◆ 科別：小灰蝶科 Lycaenidae
◆ 展翅直徑：約2.8~3.3公分
◆ 型態特徵：腹面佈黃褐色波浪斑紋
◆ 成蝶習性：喜訪花、吸水
◆ 發生期：全年
◆ 分佈：全台平地至海拔一千公尺山區
◆ 族群評估：常見
◆ 食草：肥豬豆、葛藤
◆ 附加解說：幼蟲攝食花苞
◆ 相關頁碼：（下）50,52

角紋小灰蝶
Syntarucus plinius

◆ 科別：小灰蝶科 Lycaenidae
◆ 展翅直徑：約2.3~2.8公分
◆ 型態特徵：腹面黑斑大而明顯如麻花
◆ 成蝶習性：喜訪花、吸水
◆ 發生期：全年
◆ 分佈：全台平地至海拔1300公尺山區
◆ 族群評估：常見
◆ 食草：烏面馬、毛胡枝子
◆ 附加解說：幼蟲攝食花苞及果莢
◆ 相關頁碼：（上）62,154

沖繩小灰蝶
Zizeeria maha okinawana

◆ 科別：小灰蝶科 Lycaenidae
◆ 展翅直徑：約2.2~2.6公分
◆ 型態特徵：翅背色彩淡藍，下翅緣佈點
　　　　　　狀黑斑。
◆ 成蝶習性：喜訪花、吸水
◆ 發生期：全年
◆ 分佈：全台平地至海拔兩千公尺山區
◆ 族群評估：常見
◆ 食草：酢醬草
◆ 附加解說：雌蝶翅背黑褐色
◆ 相關頁碼：（上）52

台灣小灰蝶
Zizeeria karsandra

◆科別：小灰蝶科 Lycaenidae
◆展翅直徑：約2～2.3公分
◆型態特徵：翅背色彩深藍，雌雄蝶斑紋略同。
◆成蝶習性：喜訪花、吸水
◆發生期：全年
◆分佈：全台平地至海拔八百公尺山區
◆族群評估：不常見
◆食草：節花路蓼、刺莧
◆附加解說：與微小灰蝶難以區別
◆相關頁碼：（上）22

微小灰蝶
Zizina otis riukuensis

◆科別：小灰蝶科 Lycaenidae
◆展翅直徑：約1.6～2.1公分
◆型態特徵：翅背色彩淡藍，下翅黑緣。
◆成蝶習性：喜訪花、吸水
◆發生期：全年
◆分佈：全台平地至海拔八百公尺山區
◆族群評估：不常見
◆食草：鏈莢豆的花苞
◆附加解說：雌雄蝶斑紋略同
◆相關頁碼：（上）36

迷你小灰蝶
Zizula hylax

◆科別：小灰蝶科 Lycaenidae
◆展翅直徑：約1.6～1.8公分
◆型態特徵：腹面下翅黑斑，呈倒ㄑ字型排列。
◆成蝶習性：喜訪花、吸水
◆發生期：全年
◆分佈：全台平地至海拔五百公尺山區
◆族群評估：不常見
◆食草：賽山藍、水蓑衣、馬纓丹等花苞
◆附加解說：雌蝶翅背黃褐，雄蝶暗藍。
◆相關頁碼：（上）76,88

霧社黑燕蝶
Tongeia filicaudis mushanus
- ◈ 科別：小灰蝶科 Lycaenidae
- ◈ 展翅直徑：約2～2.3公分
- ◈ 型態特徵：腹面近基部黑斑排列到前翅
- ◈ 成蝶習性：喜訪花、吸水
- ◈ 發生期：全年
- ◈ 分佈：全台海拔1000～2800公尺山區
- ◈ 族群評估：稀有
- ◈ 食草：火燄草、星果佛甲草、玉山佛甲草
- ◈ 附加解說：雌雄蝶斑紋略同
- ◈ 相關頁碼：（上）32

台灣黑燕蝶
Tongeia hainani
- ◈ 科別：小灰蝶科 Lycaenidae
- ◈ 展翅直徑：約2.4～2.8公分
- ◈ 型態特徵：腹面近基部黑斑無排列到前翅
- ◈ 成蝶習性：喜訪花、吸水
- ◈ 發生期：全年
- ◈ 分佈：全台平地至海拔1200公尺山區
- ◈ 族群評估：常見
- ◈ 食草：倒吊蓮、落地生根、星果佛甲草
- ◈ 附加解說：台灣特有種，雌雄蝶斑紋略同
- ◈ 相關頁碼：（上）30

台灣棋石小灰蝶　*Shijimia moorei*
- ◈ 科別：小灰蝶科 Lycaenidae
- ◈ 展翅直徑：約2.3～2.6公分
- ◈ 型態特徵：腹面黑斑顯著，翅背褐色。
- ◈ 成蝶習性：喜訪花、吸水
- ◈ 發生期：全年
- ◈ 分佈：全台海拔500～2500公尺山區
- ◈ 族群評估：不常見
- ◈ 食草：阿里山紫花鼠尾草、石吊蘭、車前草
- ◈ 附加解說：雌雄蝶斑紋略同，幼蟲攝食花部器官。
- ◈ 相關頁碼：（上）72,90

姬黑星小灰蝶
Neopithecops zalmora
◆ 科別：小灰蝶科 Lycaenidae
◆ 展翅直徑：約2.4～2.7公分
◆ 型態特徵：翅背褐底，前翅佈少許白紋。
◆ 成蝶習性：喜訪花、吸水
◆ 發生期：全年
◆ 分佈：全台海拔50～1300公尺山區
◆ 族群評估：不常見
◆ 食草：石苓舅的嫩芽
◆ 附加解說：雌雄蝶斑紋略同
◆ 相關頁碼：（上）158

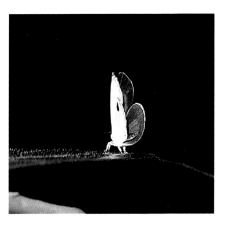

烏來黑星小灰蝶
Pithecops fulgens urai
◆ 科別：小灰蝶科 Lycaenidae
◆ 展翅直徑：約2.2～2.6公分
◆ 型態特徵：翅背佈藍紫，寬黑緣。
◆ 成蝶習性：喜訪花、吸水
◆ 發生期：全年
◆ 分佈：全台海拔50～1300公尺山區
◆ 族群評估：不常見
◆ 食草：琉球山螞蝗的花部器官
◆ 附加解說：雌蝶翅背褐色
◆ 相關頁碼：（上）38

台灣黑星小灰蝶
Megisba malaya sikkima
◆ 科別：小灰蝶科 Lycaenidae
◆ 展翅直徑：約2.4～2.8公分
◆ 型態特徵：腹面下翅近基部三枚黑斑顯著
◆ 成蝶習性：喜訪花、吸水
◆ 發生期：全年
◆ 分佈：全台平地至海拔1500公尺山區
◆ 族群評估：常見
◆ 食草：野桐、白匏子、桶鉤藤花苞及果實
◆ 附加解說：雌雄蝶斑紋略同
◆ 相關頁碼：（上）194,216,218

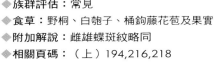

達邦琉璃小灰蝶
Udara dilecta
◆科別：小灰蝶科 Lycaenidae
◆展翅直徑：約2.6~3公分
◆型態特徵：翅背淡藍為底，白紋參雜。
◆發生期：喜訪花、吸水
◆發生期：全年
◆分佈：全台海拔300~2500公尺山區
◆族群評估：不常見
◆食草：青剛櫟、狹葉櫟的嫩葉
◆附加解說：雌蝶翅背寬黑緣
◆相關頁碼：（上）175,186

台灣琉璃小灰蝶
Acytolepsis puspa myla
◆科別：小灰蝶科 Lycaenidae
◆展翅直徑：約2.7~3.1公分
◆型態特徵：翅背藍色為底，白紋模糊，
　　　　　　寬黑緣。
◆成蝶習性：喜訪花、吸水
◆發生期：全年
◆分佈：全台平地至海拔1500公尺山區
◆族群評估：常見
◆食草：細葉饅頭果或同屬植物的嫩葉
◆附加解說：雌蝶翅背寬黑緣
◆相關頁碼：（上）214,248,294

阿里山琉璃小灰蝶
Celastrina oreas arisana
◆科別：小灰蝶科 Lycaenidae
◆展翅直徑：約3.1~3.5公分
◆型態特徵：翅背深藍，體翅大型。
◆成蝶習性：喜訪花、吸水
◆發生期：全年
◆分佈：全台海拔1400~3500公尺山區
◆族群評估：常見
◆食草：假皂莢
◆附加解說：雌蝶翅背寬黑緣
◆相關頁碼：（下）34

埔里琉璃小灰蝶
Celastrina lavendularis himilcon

◈科別：小灰蝶科 Lycaenidae
◈展翅直徑：約2.8~3.2公分
◈型態特徵：翅背深藍，體翅較小。
◈成蝶習性：喜訪花、吸水
◈發生期：全年
◈分佈：全台海拔100~1500公尺山區
◈族群評估：常見
◈食草：猿尾藤、樟葉槭
◈附加解說：雌蝶翅背寬黑緣
◈相關頁碼：（上）228（下）60

寬邊琉璃小灰蝶
Callenya melaena shonen

◈科別：小灰蝶科 Lycaenidae
◈展翅直徑：約2.2~2.5公分
◈型態特徵：翅背藍紫，寬黑緣。
◈成蝶習性：喜訪花、吸水
◈發生期：全年
◈分佈：全台海拔400~1300公尺山區
◈族群評估：稀有
◈食草：捲斗櫟
◈附加解說：雌蝶翅背褐色，寬黑緣。
◈相關頁碼：（上）184

淡青雀斑小灰蝶
Phengaris atroguttata formosana

◈科別：小灰蝶科 Lycaenidae
◈展翅直徑：約4.2~4.6公分
◈型態特徵：翅背淡青色，雌蝶翅背黑斑多且前翅寬黑緣。
◈成蝶習性：喜訪花、吸水
◈發生期：5~9月
◈分佈：全台海拔1300~2600公尺山區
◈族群評估：不常見
◈食草：風輪菜的花苞
◈附加解說：三齡後與螞蟻共生，轉為肉食性。
◈相關頁碼：（上）70

Phengaris daitozana

◆科別：小灰蝶科 Lycaenidae
◆展翅直徑：約4.3～5公分
◆型態特徵：翅背白色，前翅寬黑緣。
◆成蝶習性：喜訪花、吸水
◆發生期：7～9月
◆分佈：全台海拔1300～2600公尺山區
◆族群評估：不常見
◆食草：台灣肺形草的花苞
◆附加解說：台灣特有種，三齡後與螞蟻
　　　　　　共生，轉為肉食性。
◆相關頁碼：（上）64

恆春琉璃小灰蝶
Chilades laius koshuensis

◆科別：小灰蝶科 Lycaenidae
◆展翅直徑：約2.4～2.7公分
◆型態特徵：翅背藍紫，後翅下緣有枚顯
　　　　　　著黑斑。
◆成蝶習性：喜訪花、吸水
◆發生期：全年
◆分佈：高雄以南及台東海拔50～400公
　　　　尺山區
◆族群評估：不常見
◆食草：烏柑仔
◆附加解說：雌蝶翅背外緣黑斑豐富
◆相關頁碼：（上）160

蘇鐵小灰蝶
Chilades pandava peripatria

◆科別：小灰蝶科 Lycaenidae
◆展翅直徑：約2.5～3公分
◆型態特徵：翅背藍紫，有尾，腹部下翅
　　　　　　前緣及基部黑斑三枚。
◆成蝶習性：喜訪花、吸水
◆發生期：全年
◆分佈：全台平地至海拔600公尺山區
◆族群評估：常見
◆食草：蘇鐵、台灣蘇鐵的新葉
◆附加解說：雌蝶翅背外緣黑褐色，基部
　　　　　　水青色。
◆相關頁碼：（上）140

台灣姬小灰蝶
Freyeria putli formosanus
◈ 科別：小灰蝶科 Lycaenidae
◈ 展翅直徑：約1.2～1.8公分
◈ 型態特徵：腹部下翅外緣黑斑四枚，外覆弦月橙黃紋。
◈ 成蝶習性：喜訪花、吸水
◈ 發生期：全年
◈ 分佈：全台平地至海拔八百公尺山區
◈ 族群評估：不常見
◈ 食草：穗花木藍的花苞
◈ 附加解說：雌雄蝶斑紋略同
◈ 相關頁碼：（上）50

挵蝶科 Hesperiidae

鸞褐挵蝶
Burara jaina formosana
◈ 科別：挵蝶科 Hesperiidae
◈ 展翅直徑：約4～4.6公分
◈ 型態特徵：翅背褐紅，前翅黑斑一枚。
◈ 成蝶習性：喜吸水、訪花
◈ 發生期：全年
◈ 分佈：全台平地至海拔一千五百公尺山區
◈ 族群評估：常見
◈ 食草：猿尾藤
◈ 附加解說：雌蝶前翅無黑斑
◈ 相關頁碼：（下）60

淡綠挵蝶
Badamia exclamationis
◈ 科別：挵蝶科 Hesperiidae
◈ 展翅直徑：約4.6～5.1公分
◈ 型態特徵：背部前翅平行白紋三枚
◈ 成蝶習性：喜吸水、訪花
◈ 發生期：全年
◈ 分佈：全台平地至海拔1500公尺山區
◈ 族群評估：常見
◈ 食草：猿尾藤
◈ 附加解說：雌蝶背部前翅白紋四枚
◈ 相關頁碼：（下）60

鐵色絨毛挵蝶
Hasora badra
◈ 科別：挵蝶科 Hesperiidae
◈ 展翅直徑：約4.2~4.6公分
◈ 型態特徵：腹面下翅白紋兩枚
◈ 成蝶習性：喜吸水、訪花
◈ 發生期：全年
◈ 分佈：全台平地至海拔1500公尺山區
◈ 族群評估：常見
◈ 食草：台灣魚藤
◈ 附加解說：雌蝶背部前翅大型白紋三枚
◈ 相關頁碼：（下）44

台灣絨毛挵蝶
Hasora taminatus vairacana
◈ 科別：挵蝶科 Hesperiidae
◈ 展翅直徑：約3.8~4.1公分
◈ 型態特徵：腹面下翅白紋帶狀
◈ 成蝶習性：喜吸水、訪花
◈ 發生期：全年
◈ 分佈：全台平地至海拔1500公尺山區
◈ 族群評估：常見
◈ 食草：台灣魚藤
◈ 附加解說：雌蝶背部前翅白紋兩枚
◈ 相關頁碼：（下）44

大綠挵蝶
Choaspes benjaminii formosananus
◈ 科別：挵蝶科 Hesperiidae
◈ 展翅直徑：約4.6~5.2公分
◈ 型態特徵：翅背偏綠
◈ 成蝶習性：喜吸水、訪花
◈ 發生期：全年
◈ 分佈：全台海拔50~1500公尺山區
◈ 族群評估：常見
◈ 食草：山豬肉、筆羅子
◈ 附加解說：雌雄蝶斑紋略同
◈ 相關頁碼：（上）298

褐翅綠挵蝶
Choaspes benjaminii formosananus
- ◆ 科別：挵蝶科 Hesperiidae
- ◆ 展翅直徑：約3~4.2公分
- ◆ 型態特徵：色彩淡綠偏水藍
- ◆ 成蝶習性：喜吸水、訪花
- ◆ 發生期：6~8月
- ◆ 分佈：全台海拔1300~2500公尺山區
- ◆ 族群評估：稀有
- ◆ 食草：阿里山清風藤、台灣清風藤
- ◆ 附加解說：雌蝶體型較大
- ◆ 相關頁碼：（下）62

埔里黃紋挵蝶
Celaenorrhinus horishanus
- ◆ 科別：挵蝶科 Hesperiidae
- ◆ 展翅直徑：約4.3~4.6公分
- ◆ 型態特徵：翅背近基部有枚白斑，下翅黃點紋少。
- ◆ 成蝶習性：喜吸水、訪花
- ◆ 發生期：6~8月
- ◆ 分佈：全台海拔1000~2000公尺山區
- ◆ 族群評估：不常見
- ◆ 食草：蘭崁馬藍、曲莖馬藍
- ◆ 附加解說：台灣特有種，雌雄蝶斑紋略同。
- ◆ 相關頁碼：（上）82

姬黃紋挵蝶
Celaenorrhinus kurosawai
- ◆ 科別：挵蝶科 Hesperiidae
- ◆ 展翅直徑：約3.5~4.2公分
- ◆ 型態特徵：翅背前翅先端白點四枚，下翅黃紋少。
- ◆ 成蝶習性：喜吸水、訪花
- ◆ 發生期：7~9月
- ◆ 分佈：全台海拔1300~2500公尺山區
- ◆ 族群評估：不常見
- ◆ 食草：蘭崁馬藍、曲莖馬藍
- ◆ 附加解說：台灣特有種，雌蝶下翅黃紋略多。
- ◆ 相關頁碼：（上）82

大型黃紋挵蝶
Celaenorrhinus maculosus

◆科別：挵蝶科 Hesperiidae
◆展翅直徑：約4.3~4.7公分
◆型態特徵：翅背近基部有枚白斑，下翅黃點紋多。
◆成蝶習性：喜吸水、訪花
◆發生期：5~7月
◆分佈：全台海拔500~1600公尺山區
◆族群評估：不常見
◆食草：蘭崁馬藍、曲莖馬藍、白花馬藍
◆附加解說：雌雄蝶斑紋略同
◆相關頁碼：（上）82,86

小黃紋挵蝶
Celaenorrhinus osculus major

◆科別：挵蝶科 Hesperiidae
◆展翅直徑：約3.7~4.2公分
◆型態特徵：鬚無白紋，腹面下翅黃紋大型亮眼。
◆成蝶習性：喜吸水、訪花
◆發生期：7~9月
◆分佈：全台海拔1300~2000公尺山區
◆族群評估：不常見
◆食草：蘭崁馬藍、曲莖馬藍
◆附加解說：雌雄蝶斑紋略同
◆相關頁碼：（上）82

蓬萊黃紋挵蝶
Celaenorrhinus pulomaya formosanus

◆科別：挵蝶科 Hesperiidae
◆展翅直徑：約3.2~4公分
◆型態特徵：翅背前翅先端白點五枚，下翅黃紋少。
◆成蝶習性：喜吸水、訪花
◆發生期：7~9月
◆分佈：全台海拔1300~2500公尺山區
◆族群評估：不常見
◆食草：蘭崁馬藍、曲莖馬藍
◆附加解說：雌雄蝶斑紋略同
◆相關頁碼：（上）82

白鬚黃紋挵蝶
Celaenorrhinus ratna
- ◆ 科別：挵蝶科 Hesperiidae
- ◆ 展翅直徑：約4.1～4.3公分
- ◆ 型態特徵：鬚白紋明顯，背部前翅基部無白點。
- ◆ 成蝶習性：喜吸水、訪花
- ◆ 發生期：5～8月
- ◆ 分佈：全台海拔800～1600公尺山區
- ◆ 族群評估：不常見
- ◆ 食草：蘭崁馬藍、曲莖馬藍
- ◆ 附加解說：雌雄蝶斑紋略同
- ◆ 相關頁碼：（上）82

大白裙挵蝶
Satarupa majasra
- ◆ 科別：挵蝶科 Hesperiidae
- ◆ 展翅直徑：約5.2～6.2公分
- ◆ 型態特徵：腹面前翅中室白紋小型
- ◆ 成蝶習性：喜吸水、訪花
- ◆ 發生期：5～9月
- ◆ 分佈：全台海拔600～2000公尺山區
- ◆ 族群評估：不常見
- ◆ 食草：食茱萸、賊仔樹
- ◆ 附加解說：雌雄蝶斑紋略同，前者大型許多。
- ◆ 相關頁碼：（上）286,290

大黑星挵蝶
Seseria formosana
- ◆ 科別：挵蝶科 Hesperiidae
- ◆ 展翅直徑：約3.6～4.2公分
- ◆ 型態特徵：背部下翅佈黑斑4～5枚
- ◆ 成蝶習性：喜吸水、訪花
- ◆ 發生期：3～10月
- ◆ 分佈：全台海拔50～2000公尺山區
- ◆ 族群評估：常見
- ◆ 食草：樟樹
- ◆ 附加解說：台灣特有種，雌雄蝶斑紋略同。
- ◆ 相關頁碼：（上）238,272

白裙挵蝶
Tagiades cohaerens
◆科別：挵蝶科 Hesperiidae
◆展翅直徑：約3.6～4.4公分
◆型態特徵：下翅黑斑兩排
◆成蝶習性：喜吸水、訪花
◆發生期：全年
◆分佈：全台海拔50～1500公尺山區
◆族群評估：常見
◆食草：日本薯蕷、恆春薯蕷、華南薯蕷
◆附加解說：雌雄蝶斑紋略同
◆相關頁碼：（下）84

蘭嶼白裙挵蝶
Tagiades trebellius martinus
◆科別：挵蝶科 Hesperiidae
◆展翅直徑：約3.5～4公分
◆型態特徵：下翅黑斑單排
◆成蝶習性：喜吸水、訪花
◆發生期：全年
◆分佈：恆春半島及蘭嶼低地
◆族群評估：不常見
◆食草：日本薯蕷、恆春薯蕷、華南薯蕷
◆附加解說：雌雄蝶斑紋略同
◆相關頁碼：（下）84

玉帶挵蝶
Daimio tethys niitakana
◆科別：挵蝶科 Hesperiidae
◆展翅直徑：約3～3.8公分
◆型態特徵：白斑帶狀
◆成蝶習性：喜吸水、訪花
◆發生期：全年
◆分佈：全台海拔50～1500公尺山區
◆族群評估：常見
◆食草：日本薯蕷、恆春薯蕷、華南薯蕷
◆附加解說：雌雄蝶斑紋略同
◆相關頁碼：（下）84

白挵蝶
Abraximorpha davidii ermasis
- ◈ 科別：挵蝶科 Hesperiidae
- ◈ 展翅直徑：約4.2～4.8公分
- ◈ 型態特徵：白底佈黑斑
- ◈ 成蝶習性：喜吸水、訪花
- ◈ 發生期：3～10月
- ◈ 分佈：全台海拔50～1700公尺山區
- ◈ 族群評估：常見
- ◈ 食草：台灣懸鉤子、灰葉懸鉤子
- ◈ 附加解說：雌雄蝶斑紋略同
- ◈ 相關頁碼：（下）36

小黃斑挵蝶
Ampittia dioscorides etura
- ◈ 科別：挵蝶科 Hesperiidae
- ◈ 展翅直徑：約1.8～2.2公分
- ◈ 型態特徵：背部下翅橙黃紋一枚，無雜斑。
- ◈ 成蝶習性：喜吸水、訪花
- ◈ 發生期：全年
- ◈ 分佈：全台平地至海拔八百公尺山區
- ◈ 族群評估：常見
- ◈ 食草：李氏禾
- ◈ 附加解說：雌蝶橙黃斑較不發達，褐底
- ◈ 相關頁碼：（上）108

狹翅黃星挵蝶
Ampittia virgata myakei
- ◈ 科別：挵蝶科 Hesperiidae
- ◈ 展翅直徑：約2.7～3.2公分
- ◈ 型態特徵：下翅橙黃斑如帶狀排列
- ◈ 成蝶習性：喜吸水、訪花
- ◈ 發生期：全年
- ◈ 分佈：全台平地至海拔兩千公尺山區
- ◈ 族群評估：常見
- ◈ 食草：芒草、五節芒
- ◈ 附加解說：雌蝶上翅橙黃斑如帶狀排列
- ◈ 相關頁碼：（上）120

狹翅挵蝶
Isoteinon lamprospilus formosanus
◆ 科別：挵蝶科 Hesperiidae
◆ 展翅直徑：約3.2～4公分
◆ 型態特徵：腹面褐黃，白點散佈其間。
◆ 成蝶習性：喜吸水、訪花
◆ 發生期：全年
◆ 分佈：全台海拔50～1500公尺山區
◆ 族群評估：常見
◆ 食草：台灣蘆竹
◆ 附加解說：雌雄蝶斑紋略同
◆ 相關頁碼：（上）104,120

霧社星褐挵蝶
Aeromachus matudai
◆ 科別：挵蝶科 Hesperiidae
◆ 展翅直徑：約2.1～2.5公分
◆ 型態特徵：腹面褐黃，白斑幾乎連接一起。
◆ 成蝶習性：喜吸水、訪花
◆ 發生期：5～8月
◆ 分佈：全台海拔400～1500公尺山區
◆ 族群評估：稀有
◆ 食草：未知
◆ 附加解說：雌蝶尚未發現
◆ 相關頁碼：（上）104

星褐挵蝶
Aeromachus inachus formosana
◆ 科別：挵蝶科 Hesperiidae
◆ 展翅直徑：約2.1～2.5公分
◆ 型態特徵：背部點狀斑如帶狀
◆ 成蝶習性：喜吸水、訪花
◆ 發生期：全年
◆ 分佈：全台海拔100～1500公尺山區
◆ 族群評估：不常見
◆ 食草：台灣蘆竹
◆ 附加解說：雌雄蝶斑紋略同
◆ 相關頁碼：（上）104

萬大星褐挵蝶

Aeromachus bandaishanus

◆ 科別：挵蝶科 Hesperiidae
◆ 展翅直徑：約2.1～2.5公分
◆ 型態特徵：翅背褐黑無斑紋
◆ 成蝶習性：喜吸水、訪花
◆ 發生期：6～8月
◆ 分佈：全台海拔1400～2500公尺山區
◆ 族群評估：稀有
◆ 食草：未知
◆ 附加解說：台灣特有種
◆ 相關頁碼：（下）160

黑挵蝶

Notocrypta curvifascia

◆ 科別：挵蝶科 Hesperiidae
◆ 展翅直徑：約3.8～4.5公分
◆ 型態特徵：前翅大型白斑先端有數枚小
　　　　　　白斑。
◆ 成蝶習性：喜吸水、訪花
◆ 發生期：全年
◆ 分佈：全台平地至海拔1500公尺山區
◆ 族群評估：常見
◆ 食草：月桃、島田氏月桃
◆ 附加解說：雌雄蝶斑紋略同
◆ 相關頁碼：（上）96,98

蘭嶼黑挵蝶

Notocrypta feisthamelii alinkara

◆ 科別：挵蝶科 Hesperiidae
◆ 展翅直徑：約3.8～4.3公分
◆ 型態特徵：前翅大型白斑先端無小白斑
◆ 成蝶習性：喜吸水、訪花
◆ 發生期：全年
◆ 分佈：蘭嶼
◆ 族群評估：不常見
◆ 食草：月桃
◆ 附加解說：僅見於蘭嶼島
◆ 相關頁碼：（上）98

阿里山黑挵蝶
Notocrypta feisthamelii arisana

◆ 科別：挵蝶科 Hesperiidae
◆ 展翅直徑：約3.8~4.3公分
◆ 型態特徵：前翅大型白斑先端無小白斑
◆ 成蝶習性：喜吸水、訪花
◆ 發生期：4~9月
◆ 分佈：全台海拔1000~2000公尺山區
◆ 族群評估：稀有
◆ 食草：島田氏月桃
◆ 附加解說：雌雄蝶斑紋略同
◆ 相關頁碼：（上）96

大白紋挵蝶
Udaspes folus

◆ 科別：挵蝶科 Hesperiidae
◆ 展翅直徑：約4.3~4.7公分
◆ 型態特徵：下翅有枚大型白紋。
◆ 成蝶習性：喜吸水、訪花
◆ 發生期：全年
◆ 分佈：全台平地至海拔600公尺山區
◆ 族群評估：不常見
◆ 食草：月桃
◆ 附加解說：雌雄蝶斑紋略同
◆ 相關頁碼：（上）98

黑星挵蝶
Suastus gremius

◆ 科別：挵蝶科 Hesperiidae
◆ 展翅直徑：約3.2~3.6公分
◆ 型態特徵：腹面下翅黑點5~6枚
◆ 成蝶習性：喜吸水、訪花
◆ 發生期：全年
◆ 分佈：全台平地至海拔一千公尺山區
◆ 族群評估：常見
◆ 食草：山棕、黃椰子、蒲葵
◆ 附加解說：雌雄蝶斑紋略同
◆ 相關頁碼：（上）136

香蕉挵蝶
Erionota torus

◆科別：挵蝶科 Hesperiidae
◆展翅直徑：約4.8~6.5公分
◆型態特徵：眼紅色，前翅斑紋三枚。
◆成蝶習性：喜吸水、訪花
◆發生期：全年
◆分佈：全台平地至海拔一千公尺山區
◆族群評估：常見
◆食草：台灣芭蕉、香蕉
◆附加解說：雌雄蝶斑紋略同
◆相關頁碼：（上）94

雪山黃斑挵蝶
Ochlodes bouddha yuckingkinus

◆科別：挵蝶科 Hesperiidae
◆展翅直徑：約3.1~3.4公分
◆型態特徵：背面下翅三枚白斑大型明顯
◆成蝶習性：喜吸水、訪花
◆發生期：5~9月
◆分佈：全台海拔1200~2600公尺山區
◆族群評估：稀有
◆食草：川上氏短柄草
◆附加解說：雌雄蝶斑紋略同
◆相關頁碼：（上）112

玉山黃斑挵蝶
Ochlodes formosanus

◆科別：挵蝶科 Hesperiidae
◆展翅直徑：約3.1~3.4公分
◆型態特徵：背面下翅三枚白斑小、模糊
◆成蝶習性：喜吸水、訪花
◆發生期：5~9月
◆分佈：全台海拔1200~2600公尺山區
◆族群評估：稀有
◆食草：川上氏短柄草
◆附加解說：台灣特有種，雌雄蝶斑紋略同。
◆相關頁碼：（上）112

台灣黃斑挵蝶
Potanthus confucius angustatus

◆科別：挵蝶科 Hesperiidae
◆展翅直徑：約2.5～3公分
◆型態特徵：背部下翅橙黃斑三枚連接
◆成蝶習性：喜吸水、訪花
◆發生期：全年
◆分佈：全台平地至海拔1500公尺山區
◆族群評估：常見
◆食草：颱風草
◆附加解說：雌蝶下翅橙黃斑環狀排列

埔里紅挵蝶
Telicota bambusae horisha

◆科別：挵蝶科 Hesperiidae
◆展翅直徑：約2.8～3.4公分
◆型態特徵：背部上翅黑紋中幾乎佈滿性
　　　　　　斑，基部橙紋濃厚。
◆成蝶習性：喜吸水、訪花
◆發生期：全年
◆分佈：全台平地至海拔1300公尺山區
◆族群評估：常見
◆食草：桂竹、綠竹
◆族群評估：雌蝶上翅無性斑
◆相關頁碼：（上）124,132

熱帶紅挵蝶
Telicota colon bayashikeii

◆科別：挵蝶科 Hesperiidae
◆展翅直徑：約3～3.3公分
◆型態特徵：背部上翅黑紋中幾乎佈滿性
　　　　　　斑，基部橙紋較淡。
◆成蝶習性：喜吸水、訪花
◆發生期：全年
◆分佈：全台平地至海拔六百公尺山區
◆族群評估：常見
◆食草：芒草
◆附加解說：雌蝶上翅無性斑

竹紅挵蝶
Telicota ohara formosana
◆科別：挵蝶科 Hesperiidae
◆展翅直徑：約3～3.3公分
◆型態特徵：背部上翅黑紋中的性斑纖細
◆成蝶習性：喜吸水、訪花
◆發生期：全年
◆分佈：全台平地至海拔1300公尺山區
◆族群評估：常見
◆食草：颱風草
◆附加解說：雌蝶上翅無性斑
◆相關頁碼：（上）102

單帶挵蝶
Parnara guttata
◆科別：挵蝶科 Hesperiidae
◆展翅直徑：約3～3.3公分
◆型態特徵：腹面下翅白斑四枚
◆成蝶習性：喜吸水、訪花
◆發生期：全年
◆分佈：全台平地至海拔一千公尺山區
◆族群評估：常見
◆食草：李氏禾、水稻
◆附加解說：雌雄蝶斑紋略同

姬單帶挵蝶
Parnara bada
◆科別：挵蝶科 Hesperiidae
◆展翅直徑：約2.6～3公分
◆型態特徵：腹面下翅白斑兩枚
◆成蝶習性：喜吸水、訪花
◆發生期：全年
◆分佈：全台平地至海拔1000公尺山區
◆族群評估：常見
◆食草：李氏禾、水稻
◆附加解說：雌雄蝶斑紋略同
◆相關頁碼：（上）108,110

台灣單帶挵蝶
Borbo cinnara

◆科別：挵蝶科 Hesperiidae
◆展翅直徑：約2.6~3公分
◆型態特徵：翅背下翅無斑或偶爾三枚白斑
◆成蝶習性：喜吸水、訪花
◆發生期：全年
◆分佈：全台平地至海拔一千公尺山區
◆族群評估：常見
◆食草：李氏禾、水稻、芒草
◆附加解說：雌雄蝶斑紋略同
◆相關頁碼：（上）120

小紋褐挵蝶
Pseudoborbo bevani

◆科別：挵蝶科 Hesperiidae
◆展翅直徑：約2.8~3.1公分
◆型態特徵：翅背下翅無斑，上翅近前線有枚獨立小斑點。
◆成蝶習性：喜吸水、訪花
◆發生期：全年
◆分佈：全台平地至海拔1300公尺山區
◆族群評估：不常見
◆食草：芒草
◆附加解說：雌雄蝶斑紋略同，近似台灣單帶挵蝶。
◆相關頁碼：（上）120

台灣大褐挵蝶
Pelopidas conjuncta

◆科別：挵蝶科 Hesperiidae
◆展翅直徑：約4.5~5公分
◆型態特徵：體翅大型，前翅斑點九枚。
◆成蝶習性：喜吸水、訪花
◆發生期：全年
◆分佈：全台海拔50~1300公尺山區
◆族群評估：不常見
◆食草：芒草
◆附加解說：雌雄蝶斑紋略同
◆相關頁碼：（上）120

褐挵蝶
Pelopidas mathias oberthueri
- ◆科別：挵蝶科 Hesperiidae
- ◆展翅直徑：約2.9~3.3公分
- ◆型態特徵：翅背前翅線狀性斑明顯
- ◆成蝶習性：喜吸水、訪花
- ◆發生期：全年
- ◆分佈：全台海拔50~1300公尺山區
- ◆族群評估：常見
- ◆食草：芒草
- ◆附加解說：雌雄蝶斑紋略同
- ◆相關頁碼：（上）120

達邦褐挵蝶
Polytremis eltola tappana
- ◆科別：挵蝶科 Hesperiidae
- ◆展翅直徑：約3~3.5公分
- ◆型態特徵：背部下翅白斑三枚
- ◆成蝶習性：喜吸水、訪花
- ◆發生期：全年
- ◆分佈：全台海拔500~1500公尺山區
- ◆族群評估：不常見
- ◆食草：颱風草
- ◆附加解說：雌雄蝶斑紋略同
- ◆相關頁碼：（上）102,104

奇萊褐挵蝶
Polytremis kiraizana
- ◆科別：挵蝶科 Hesperiidae
- ◆展翅直徑：約3.7~4.1公分
- ◆型態特徵：腹部下翅白斑四枚，翅背線
  狀性斑顯著。
- ◆成蝶習性：喜吸水、訪花
- ◆發生期：5~10月
- ◆分佈：全台海拔500~1500公尺山區
- ◆族群評估：不常見
- ◆食草：芒草
- ◆附加解說：台灣特有種，雌雄蝶斑紋略
  同。
- ◆相關頁碼：（上）120

大褐挵蝶
Polytremis theca asahinai
◆科別：挵蝶科 Hesperiidae
◆展翅直徑：約3.2~3.5公分
◆型態特徵：腹部下翅白斑四枚
◆成蝶習性：喜吸水、訪花
◆發生期：全年
◆分佈：全台海拔400~1500公尺山區
◆族群評估：不常見
◆食草：芒草
◆附加解說：雌雄蝶斑紋略同
◆相關頁碼：（上）120

無紋挵蝶
Caltoris bromus yanuca
◆科別：挵蝶科 Hesperiidae
◆展翅直徑：約3.2~3.7公分
◆型態特徵：體翅褐底，無紋。
◆成蝶習性：喜吸水、訪花
◆發生期：4~10月
◆分佈：全台海拔100~1000公尺山區
◆族群評估：稀有
◆食草：可能為台灣蘆竹
◆附加解說：雌雄蝶斑紋略同

黑紋挵蝶
Caltoris cahira austeni
◆科別：挵蝶科 Hesperiidae
◆展翅直徑：約3.8~4.2公分
◆型態特徵：翅背前翅白斑7~8枚
◆成蝶習性：喜吸水、訪花
◆發生期：4~10月
◆分佈：全台海拔400~1800公尺山區
◆族群評估：不常見
◆食草：呂宋短柄草
◆附加解說：雌雄蝶斑紋略同
◆相關頁碼：（上）112,118

　　自從「棄網投影」的那一刻起，便立志
將台灣三百餘種蝶類的生態全數拍攝齊全
，這對於蝶類生態稍有瞭解的愛好者而言
，似乎是癡人說夢的宏願，因為有些蝶類
的生活範圍，侷限於原始森林的林冠層，
偶爾低飛的巧遇，就如同中頭彩那般的難
得，更何況又必須瞬間捕捉到完美鏡頭。

　　算一算自從1990年正式進入攝影行列至
今，也將近二十個年頭，基本上我將尋蝶
攝影當成一種興趣，也是生活的一部分，
並藉由尋蝶的過程來增廣見聞，人生也就
充滿了樂趣，這便是所謂的精神支柱吧！
平常只要一有時間，便上山追逐蝶影，或
許經常接觸蝶類及勤跑野外的關係，目前
所攝得的彩蝶生態作品接近350種，相信
其他夢幻中的物種，以後還是有機緣可以
碰到。雖說這些年來，台灣蝶類生態環境
改變不少，許多以往被稱為經典產地的區
域，如今卻因為土地開發、遊憩人潮增加
及土石流的影響，眾多彩蝶紛紛消失無蹤
，如北橫拉拉山的綠小灰蝶類、中橫的馬
拉巴綠蛺蝶產地以及思源埡口的風口蝶道
等，但是在這寶島廣大的山林裡，還是有
不少珍蝶棲息匯聚地點等待發掘，筆者深
信只要有心探詢，必定有斬獲的一天。

巧遇蓬萊綠小灰蝶

　　比方2007年5月下旬的一日，我在北橫
萱源海拔約1000公尺的產業道路找尋素
木三線蝶拍攝，結果一隻成蝶的蹤影都沒
有發現，倒是沿途盡是大紫蛺蝶的身影，
當天至少攝得十餘隻不同雄蝶吸水或休息
的生活畫面。

　　午後，雲霧逐漸下降，陰霾的天氣似乎
要下逐客令般，便趕緊下山，走著走著，
又發現阿里山黑捲蝶遊訪普萊氏月桃的難
得景致。從以往的經驗可以知道，像這樣
的氣候有可能碰到綠小灰蝶類下降到低地
休息或活動。果真才步行幾分鐘，便看見
一隻亮麗顯眼的小灰蝶，飛行停棲在前方
的懸鉤子葉片上，雙翅褐白鮮明的強烈對
比色彩，正是蓬萊綠小灰蝶獨一無二的特
徵，彼此面對面數分鐘後蝶隻才飛離，抬
頭仰望時，看見一棵巨大的赤皮樹，佇立
在上端的森林中，自此也就多發現了一處
觀察蓬萊綠小灰蝶的好地點。

阿里山黑捲蝶遊訪普萊
氏月桃的難得景致。

寬尾鳳蝶的訪花夢

這不是夢，而是千真萬確的畫面。2007年仲夏日的七月底，盤算台七甲線的南山附近，當地應該有各種小黃紋挵蝶活動，27日一早便上山找尋。

就個人的經驗來說，我習慣太陽剛好升起時抵達現場，這樣才有機會見到綠小灰蝶類或其他喜愛在清晨及黃昏活動的稀有挵蝶科成員，當天正如所願攝得褐翅綠挵蝶的身影，接著又有數隻雌性的白裙黃斑挵蝶蒞臨路旁吸食露水。

因為推斷的時間還算正確，一早盛開的高粱泡、青牛膽花、火炭母草及海州常山的花朵間，盡是白鬚小黃紋挵蝶、小黃紋挵蝶及姬小黃紋挵蝶的蹤影，看看時間才八點不到，海拔1600公尺山區的蝶況早已熱鬧非凡。

爾後森林中來了細帶綠挵蝶、雄紅三線蝶及枯葉蝶，山坳小溪旁的濕沙地上不時有台灣棋石小灰蝶、白紋琉璃小灰蝶、白斑琉璃小灰蝶、朝倉三線蝶、江崎三線蝶、大白裙挵蝶及竹內挵蝶蒞臨享用清泉。

正當想要下山回程時，我看見一隻大型蝴蝶，從高處的林緣邊滑降下來，那種莽撞的飛行方式及紅、黑、白交織一起的鮮明身影，實在熟悉不過，沒錯，眼前的彩蝶正是難得一見的夏型寬尾鳳蝶，而且是一隻雌蝶。這隻寬尾鳳蝶急速飛往正前方約三公尺高的高山藤繡球花叢間停棲下來，而且大多時間是平放著翅專注吸食花蜜。老實說寬尾鳳蝶對我而言，沒有什麼大不了的吸引力，迄今所見過的雄蝶多的數不清。然而眼前出現的傢伙是隻雌蝶、又是稀有十足的夏型個體，更誇張的是牠正在訪花吸蜜。算一算過往至今只有一次五月初在北橫明池，目擊雄蝶遊訪於水芹菜的花朵間，再來是塔曼山登山口的七月初，巧遇雌蝶親臨九芎花，時間都僅有幾秒鐘，根本連對焦的機會都沒有。

能夠讓我全身冒冷汗並顫抖著雙手按快門的經驗，理應從沒發生過，然而眼前寬尾鳳蝶訪花的鏡頭，是多麼的難能可貴，也應該是全球首次的自然畫面，如果沒有瞬間捕捉到的話，或許人生就只有這麼一次機會，心情起伏才如此劇烈。

不過當時讓人懊惱的是，我只帶一隻105 mm的鏡頭在身邊，無法拉近距離取得畫面，但還是盡可能地對焦、打閃光燈及按下快門，大約五分鐘後蝶隻飛離，心想說再見的時間到了。沒想到牠高升後，居然來個大迴彎，降落到下一叢與我平等高度的藤繡球花叢間，這簡直就是上天掉下來的禮物。不過討厭的是，寬尾鳳蝶訪花習慣平放雙翅，我根本找不到理想的立足點拍攝，只能平面取得鏡頭，還好當時牠還算配合，也飛臨到我的正前方，才得以攝得幾張還算差強人意的近照，短暫的相處後，蝶隻就此遠離視線，看看手錶時間是十點五十分，這真是喜愛蝴蝶歷程中，最難以忘懷的一刻。

致謝

本書的完成，首先感謝台北安坑牛伯伯蝴蝶園的主人呂輝壁先生，他幾乎耗盡了畢生積蓄與人力，將後半輩子的一生貢獻在家鄉蝴蝶的保育上，著實令人感動。在牛伯伯的天然蝴蝶園裡，自行繁衍的蝴蝶種類超過百種，羽化的數量也頗為可觀，牠們或許也能夠感受到主人的愛，所以活躍於園區內的彩蝶平易近人，沒有野外那股神經質，來到這裡宛如進入蝴蝶伊甸園般，充滿了溫馨景致。本書的許多生態圖檔皆取材於此，同時牛伯伯也傳授了許多以往筆者欠缺的蝶類生活史知識，才得以豐富了內文的可看性。

同時在創作期間，台北友人楊宗儒老師及桃園劉正凱先生，帶領筆者找尋多種珍貴的稀世彩蝶，在此一併致上無限感謝。

大紫蛺蝶的美麗身影。

白裙黃斑蛺蝶下降至路旁的草地吸食露水。

蓬萊綠小灰蝶飛臨眼前充當模特兒。

寬尾鳳蝶訪花的畫面，這應該是全球首次攝得的自然畫面。

寬尾鳳蝶戲花二部曲。

蝴蝶學名索引

蝴蝶食草與蜜源植物學名索引

大樹經典
自然圖鑑系列
20

台灣蝴蝶食草
與蜜源植物大圖鑑（下）

A FIELD GUIDE TO FOOD PLANTS FOR BUTTERFLIES IN TAIWAN (VOL.2)

◎出版者／天下遠見出版股份有限公司

◎創辦人／高希均、王力行

◎天下遠見文化事業群　董事長／高希均

◎事業群發行人／CEO／王力行

◎版權暨國際合作開發協理／張茂芸

◎法律顧問／理律法律事務所陳長文律師

◎著作權顧問／魏啟翔律師

◎社址／台北市 104 松江路 93 巷 1 號 2 樓

◎讀者服務專線／（02）2662-0012

◎傳真／（02）2662-0007；2662-0009

◎電子信箱／cwpc@cwgv.com.tw

◎直接郵撥帳號／1326703-6 號　天下遠見出版股份有限公司

◎撰　文／林春吉

◎攝　影／林春吉

◎編輯製作／大樹文化事業股份有限公司

◎網　址／http://www.bigtrees.com.tw

◎總 編 輯／張蕙芬

◎美術設計／黃一峰

◎製版廠／佑發彩色印刷有限公司

◎印刷廠／吉鋒彩色印刷股份有限公司

◎裝訂廠／精益裝訂股份有限公司

◎登記證／局版台業字第 2517 號

◎總經銷／大和書報圖書股份有限公司　電話／（02）8990-2588

◎出版日期／2008 年 4 月 15 日第一版
　　　　　　2008 年 5 月 15 日第一版第 2 次印行

◎ ISBN: 978-986-216-113-5

◎書號：BT1020　◎定價／690 元

國家圖書館出版品預行編目資料

蝴蝶食草與蜜源植物大圖鑑 = A Field Guide to Food
Plants for Butterflies in Taiwan／林春吉著. -- 第一
版. -- 臺北市：天下遠見，2008.04
　　冊　；公分. -- (大樹經典自然圖鑑；1019-1020) 含索引

ISBN 978-986-216-112-8（上冊：精裝）
ISBN 978-986-216-113-5（下冊：精裝）
1. 植物圖鑑 2. 蝴蝶 3. 臺灣

375.233　　　　　　　　　　　　　　97005834

A FIELD GUIDE TO FOOD PLANTS FOR BUTTERFLIES IN TAIWAN (Vol.2)